MALALA,
la niña que quería ir a la escuela

Título original: *Malala, a menina que queria ir para a escola*
Dirección editorial: Marcela Luza
Edición: Soledad Alliaud
Tratamiento de imagen: M Gallego • Studio de Artes Gráficas
Armado: Marianela Acuña

Publicada originalmente en portugués, en Brasil, por Editora Companhia das Letrinhas, São Paulo.
Obra publicada mediante un acuerdo con Agência Riff, Rio de Janeiro.

ARGENTINA: San Martín 969 Piso 10 (C1004AAS), Buenos Aires
Tel./Fax: (54-11) 5352-9444 y rotativas
e-mail: editorial@vreditoras.com

MÉXICO: Dakota 274, Colonia Nápoles.
CP 03810, Del. Benito Juárez, Ciudad de México
Tel./Fax: (5255) 5220-6620/6621 • 01800-543-4995
e-mail: editoras@vergararriba.com.mx

ISBN 978-987-747-245-5

Impreso en México, febrero de 2017
Editorial Impresora Apolo, S.A. de C.V.

Carranca, Adriana
Malala, la niña que quería ir a la escuela / Adriana Carranca; ilustrado por Bruna Assis Brasil.
1a ed. - Ciudad Autónoma de Buenos Aires: V&R, 2017.
96 p.: il.; 22 x 15 cm.

Traducción de: Hernán Gugliotella.
ISBN 978-987-747-245-5

1. Narrativa Brasilera. 2. Biografía. 3. Novelas Testimoniales. I. Assis Brasil, Bruna, ilus. II. Gugliotella, Hernán, trad. III. Título.
CDD B869.3

ADRIANA CARRANCA

MALALA,
la niña que quería ir a la escuela

Ilustraciones
Bruna Assis Brasil

....

Traducción
Hernán Gugliotella

A todos los niños que disfrutan —o aprenderán a disfrutar— de la escuela.

PREFACIO

Todo lo que voy a contar aquí realmente sucedió. Es increíble que así haya sido, pero así fue. Lo sé porque estuve allí. Atravesé medio mundo con una misión: descubrir lo que de verdad había sucedido con una niña llamada Malala Yousafzai y por qué ella estaba siendo perseguida. Recibí esa misión porque eso es lo que hacen los periodistas: investigan y husmean por todas partes, siembran preguntas y cosechan historias.

Era una tarea peligrosa y yo sabía que tendría que enfrentar grandes desafíos. El día de mi partida, escuché en la radio una orden: ¡que los periodistas no viajaran a Swat! El valle se había transformado en un territorio prohibido, pero al igual que los niños, a los periodistas les encanta hacer todo lo que está prohibido. Entonces, preparé rápidamente mi mochila, puse mi linterna a manivela, el mosquitero, el gas pimienta y todo lo que cabía en ella, y partí. Atravesé el Atlántico y África hasta el desierto, crucé el mar Arábigo y continué en dirección a las montañas, donde Malala vivía.

Cuando llegué a destino tuve que disfrazarme, porque el peligro aún acechaba el valle y nadie debía saber que yo estaba allí. Solo Ejaz, mi guía y protector, un hombre grandullón, fuerte y bondadoso, con voz de trueno; y la familia de Sana, muy generosa y valiente, que aceptó esconderme en su casa para que yo pudiera conocer esta historia, tan aterradora como cautivante, que voy a contarles ahora.

1.

Malala era una niña que quería ir a la escuela. Pero, en el lugar donde vivía, eso estaba prohibido. Libros, solo a escondidas. En el camino hacia la escuela había muchos peligros. Riesgos inimaginables, incluso de muerte.

Ese lugar se llama valle de Swat.

El valle de Swat queda en un país distante llamado Pakistán. Posee campos verdes, rodeados por montañas gigantes, que la nieve pinta de blanco casi el año entero. En el verano, cuando el sol calienta las cumbres, la nieve se derrite y se junta con el río Swat, que desciende serpenteando la sierra hasta encontrarse con el río Kabul, el cual proviene del país vecino, Afganistán. Allí, entre la magnífica cordillera Hindu Kush y las aguas cristalinas de los ríos, con un pie en Pakistán y otro en Afganistán, viven desde hace más de dos mil años los pastunes, como Malala.

Son tan bellas y fértiles sus tierras, que poderosos emperadores intentaron conquistarlas. Hasta Alejandro Magno, el más grande de todos ellos. El rey de reyes viajó a Swat en el año 328 a. C., desafió a los dioses que, según se creía, protegían el valle, cruzó ríos

Pastún: Etnia de un pueblo guerrero que vive a lo largo de la cordillera Hindu Kush, entre el centro de Afganistán y el norte de Pakistán. Su origen es incierto. Algunos creen que se trata de una de las diez tribus perdidas de Israel, aunque no existen pruebas históricas que lo acrediten. Otros dicen que provienen de una mezcla de los pueblos arios con los invasores. Se los conocía como "los pueblos de las montañas".

atestados de gaviales, atravesó las montañas, participó en feroces batallas. Pero, al enfrentar a los valientes pastunes, resultó herido, y por ello admitió no ser un dios inmortal, sino un hombre común. Sus escritos no sobrevivieron intactos al paso del tiempo, pero persisten las leyendas de Swat.

Alejandro Magno habría dicho que los pastunes eran tan feroces como los leones. "Estoy en medio de las tierras de un pueblo

leonino y valiente, donde cada palmo de tierra es como una pared de acero delante de mis soldados. [...] Todos aquí pueden ser llamados Alejandro."

Gengis Kan, fundador del mayor imperio de la historia, atravesó estas tierras en el año 1200. Iba con caballos de guerra y con arqueros tan hábiles que eran capaces de dar en el blanco con sus flechas a más de quinientos metros de distancia. Dejó como herencia el *buzkashi*, un juego bélico en el que los jinetes se disputan una cabra sin cabeza. ¡Sin cabeza! De esta forma él entrenaba a sus guerreros en las montañas, y los pastunes aprendieron con ellos.

Llegaron otros conquistadores. Pero los pastunes nunca se dejaron dominar, porque son un pueblo muy intrépido y valiente; el más intrépido y valiente de todos los pueblos intrépidos y valientes.

Así fue como el filósofo griego Heródoto, el padre de la Historia, describió a los indios que vivían alrededor del año 430 a. C. en un sitio llamado "Paktuike", donde queda hoy el valle de Swat: un lugar habitado por hormigas gigantes que buscaban oro en el desierto, por camellos que corrían como caballos y por el pueblo "más guerrero de todos".

Las niñas de Swat heredaron su coraje de ellos.

Gavial: Cocodrilo de gran tamaño que habita el río Ganges y llega a tener más de cinco metros de largo.

Río Ganges: Es uno de los principales ríos del subcontinente indio y uno de los veinte más largos del mundo. Con 2.525 kilómetros, recorre desde el norte de la India hasta Bangladés (antes territorio de Pakistán). Es considerado sagrado para los seguidores de la religión hindú, que son mayoría en la India.

Indios: Habitantes de la india, país del cual el territorio donde queda Pakistán formó parte hasta su independencia, en 1947.

2.

En un pasado no muy lejano, Swat estuvo habitada por príncipes y princesas, reyes y reinas, como en los valles encantados de los cuentos de hadas, pero de verdad.

Me resulta extraño que todavía existan reyes y reinas, príncipes y princesas de verdad. Entonces, cuando llegué a Pakistán, lo primero que hice fue visitar al príncipe de Swat.

Su nombre es Miangul Adnan Aurangzeb, pero ahora él es un ex príncipe, usa traje y corbata y vive en una casa, porque ya no posee un castillo. Es una casa pequeña para un príncipe. Pero, aunque las paredes se achicaron, aún conservan sus encantos en las reliquias de aquellos tiempos en los que el valle de Swat era un reino grandioso. Mientras tomábamos té, en tazas de oro y porcelana, me mostró fotos de su infancia y fue como si hiciéramos un viaje al pasado.

En una de esas fotografías está su abuelo materno, el general Ayub Khan, que fue presidente de Pakistán después de tomar el poder en un golpe de Estado. Era un general poderoso. A su lado llama la atención una joven elegante, con un peinado muy cuidado —se nota que son fotos antiguas, porque en Swat las mujeres ya no pueden exhibir su cabello. En otra foto, la misma joven saluda a las alumnas de una escuela, cuando las niñas aún podían estudiar estando seguras. La joven es Nasim, la hija del general y madre del príncipe Adnan. Nasim se casó con Miangul Aurangzeb, el último sucesor coronado de Swat, padre de Adnan. El niño flacucho de pantalón corto en la foto es él, sin el grueso bigote actual, pero con el mismo corte de cabello, milimétricamente dividido y aplastado con gel. La niña del vestido con falda ancha que aparece jugando a su lado era su mejor amiga de la infancia, Benazir Bhutto. ¿Ya oíste hablar de ella? Cuando creció, Benazir se convirtió en la primera mujer que asumió el puesto más alto de un país musulmán, el de primera ministra de Pakistán. Pero los mismos hombres que perseguían a Malala tampoco la dejaban en paz, hasta que un día ella no logró continuar escapando de sus garras. Benazir Bhutto murió víctima de un atentado con una bomba.

Sumergido en sus recuerdos, Adnan pasa sus dedos delicados (porque los príncipes tienen dedos muy delicados y uñas muy cuidadas) sobre una foto de su bisabuelo paterno, como si quisiera hacerle un cariño. El príncipe lo extraña mucho. Su nombre era Miangul Golshahzada Abdul-Wadud, el valí de Swat. ¡Un valí de verdad!

El valí de Swat tenía un ejército solo para él, pero no le servía de nada, porque en su época aquel era un valle de paz, y él, un rey benevolente y pacífico –o, por lo menos, así lo recuerdan los habitantes de Swat.

En una fotografía, el valí de Swat aparece el día en que fue coronado. En otra, con sus soldados en una expedición. Usaba calcetines hasta las rodillas, pantalones cortos y gafas con lentes de

Valí: Líder del principado, equivalente a un rey.

Taj Mahal: Construido entre 1632 y 1653 a orillas del río Yamuna, en Agra, India, es considerado una de las Siete Maravillas del Mundo Moderno y Patrimonio de la Humanidad por la Unesco. Es un suntuoso monumento de mármol blanco que el emperador Shah Jahan mandó construir en memoria de su esposa favorita, Arjumand Banu Begam, a quien llamaba Mumtaz Mahal (Joya del Palacio). Ella murió después de dar a luz al decimocuarto hijo del emperador y el Taj Mahal fue erigido sobre su tumba, para homenajearla. Por eso, es también conocido como la mayor prueba de amor del mundo.

fondo de botella. Parecía un niño grande vistiendo ropas infantiles, un Principito de barba blanca. No quería, sin embargo, viajar por el mundo, sino llevar al mundo hasta Swat. Ese era su sueño.

Un día, la reina Elizabeth II del Reino Unido visitó el valle. Quedó encantada con el Palacio Blanco, la residencia de verano del valí. El castillo se llama así porque es todo de mármol, la misma piedra usada en la construcción del magnífico Taj Mahal, y está rodeado por montañas nevadas. Es en los jardines del Palacio Blanco donde las flores pintan de colores el paisaje en el verano, en donde a Malala y a sus amigas de la escuela más les gustaba hacer picnics.

Le conté al príncipe que, un día, yo también conocí a la reina Elizabeth. Fue cuando yo residía en Inglaterra, donde ella vive. Estábamos en una capilla muy antigua, ubicada en los fondos del Palacio de Windsor, la residencia oficial de la reina y el castillo más grande del mundo aún ocupado. ¡El más grande del mundo!

Había ido allí porque una amiga, musulmana como Malala, nunca había entrado en una iglesia y tenía mucha curiosidad, por lo que me pidió que la acompañara. Cuando yo había visitado Egipto, Dina, esa amiga mía, me había llevado a conocer las más bellas mezquitas de su tierra, así que quise retribuirle su gentileza.

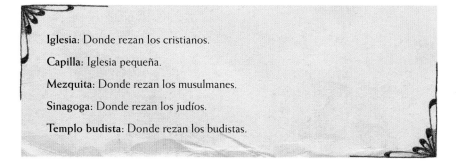

Iglesia: Donde rezan los cristianos.

Capilla: Iglesia pequeña.

Mezquita: Donde rezan los musulmanes.

Sinagoga: Donde rezan los judíos.

Templo budista: Donde rezan los budistas.

Qué sorpresa nos llevamos cuando vimos que estaba allí la reina (¡en persona!), asistiendo a misa, elegante en su *tailleur* verde agua y su sombrero del mismo color. A la salida, yo esperaba verla partir en un carruaje, como en los desfiles de la realeza, pero finalmente ella entró en su automóvil, un Jaguar verde (¡debe gustarle mucho ese color!) y se puso al volante, conduciendo por los jardines de la pequeña iglesia hasta los portones de su palacio. Antes de despedirse, se acercó a nuestro grupo y preguntó: "¿Ustedes son estudiantes de la escuela de Londres?". Lo éramos, pero no conseguíamos siquiera hablar, de tan asombradas. Entonces ella dijo: "¡Muy bien! Estudien bastante, porque la educación es muy importante para los niños y las niñas".

El valí de Swat también creía que la educación era importante. Fue él quien abrió las primeras escuelas para niñas en el valle.

Pero eso fue antes de la guerra y de que a las niñas se les prohibiera estudiar. Para saber cómo había ocurrido todo, seguí viaje rumbo al valle de Swat.

3.

La Grand Trunk Road es una antigua ruta de comercio entre emiratos, reinos e imperios, por donde transitan coloridos camiones típicos de Pakistán. Fue construida por orden de un pastún: Sher Khan, ¡el rey león! Dicen que lo apodaron así después de matar a un león de verdad con sus propias manos en la selva de Bihar.

El recorrido de la carretera hasta el valle de Swat se ve intercalado por túneles largos y oscuros, que perforan las montañas abriendo el camino. Curvas sinuosas se estrechan entre el valle profundo (¡tan profundo como un abismo!) y los enormes peñascos de rocas escarpadas. Dicen que en esa angosta franja tuvieron lugar más batallas que en cualquier otra parte del mundo. Los pastunes habrían conseguido expulsar a sus enemigos en todas ellas. Por eso, les dieron a estas tierras el apodo de "cementerio de los imperios".

En lo alto de las montañas y más allá de las curvas, donde el camino se encuentra con la naciente del río y el aire es más fresco, está la ciudad donde nació Malala. Se llama Mingora y es la más grande del valle de Swat.

Cuando estábamos por llegar, fuimos detenidos por soldados. Ellos controlan la entrada y hay muchos en los caminos, detrás de barricadas hechas con bolsas de arena, en lo alto de torres de vigilancia y en tanques, ¡como en una zona de guerra!

Esperé dentro de una tienda, mientras Ejaz le mostraba al militar la carta del Ejército que nos autorizaba a ingresar en el valle. El sol fuerte hacía que el puesto pareciera un campamento beduino en el Sahara.

"¡Siga!", indicó el parco soldado. Pero advirtió: "¡No salga del área cercada por el Ejército! Es muy peligroso".

Sana nos esperaba en el centro de la ciudad, donde coloridos *rickshaws*, carretas de bueyes con ruedas chirriantes y pastores de ovejas comparten el espacio con los automóviles. Él vive en Kanju, del otro lado del río Swat. Queda fuera del cerco del Ejército, donde, por lo tanto, yo no podría ir. Pero, como dije antes, los periodistas, al igual que los niños, adoran hacer lo que no pueden… Entonces, seguimos adelante.

Atardecía y pronto el valle se vio envuelto por la sombra del monte Falak Sair. Este puede observarse desde cualquier lugar, posee su cumbre nevada el año entero y se eleva unos 6.257 metros en dirección al cielo más azul que haya visto.

A orillas del río Swat, los habitantes aprovechaban los últimos rayos del sol para recoger piedras para construir sus casas. Así se hacen las viviendas del valle, con piedras del río equilibradas unas sobre otras, como hace milenios.

Yo observaba distraída el hermoso paisaje mientras atravesábamos el puente, hasta que el automóvil se detuvo.

Un soldado armado dirigió su reflector hacia mí, acercando su rostro hasta golpear con el casco en la ventanilla. La temperatura había bajado en el exterior y su aliento caliente dibujaba nubes de vapor en el vidrio.

Beduino: Pueblo árabe que vive en el desierto.

Sahara: Conocido como el Gran Desierto, con 9,4 kilómetros cuadrados – casi el tamaño de China o de los Estados Unidos– cubre desde el norte de África hasta el Medio Oriente. Sus dunas llegan a tener 180 metros de altura.

Rickshaw: Pequeño vehículo de dos o tres ruedas jalado por un hombre a pie o en bicicleta, muy común en Oriente para el transporte de personas.

Sentada en el asiento trasero, yo vestía un *shalwar kameez* y tenía el rostro cubierto por un largo velo que solo dejaba ver mis ojos. Así se visten las mujeres en el valle de Swat. Ellas nunca muestran el rostro en las calles, ¿lo sabías? Es parte de la cultura del lugar. Los guardias creyeron que yo era una de ellas y nos dejaron seguir.

Estacionamos el automóvil frente al único mercadito con la luz encendida de todo el barrio y continuamos nuestro camino a pie en la oscuridad por estrechos callejones, dibujados por los muros altísimos de las casas (*señal de la violencia*, pensé). El camino parecía un laberinto. Uno de verdad, de aquellos construidos para que la gente se pierda y nunca más pueda salir. La luna aún no había salido para ayudar a iluminar nuestros pasos y seguíamos a Sana por el sonido de la suela desgastada de sus zapatos, que se arrastraban en el suelo de tierra.

Doblamos aquí, doblamos allí… ¡No llegábamos nunca!

Estaba tan oscuro que empecé a tener miedo…

Hasta que Sana se detuvo bruscamente.

—Llegamos. Es aquí.

Yo no conseguía siquiera divisar su rostro. Cuando mis ojos se acostumbraron a la oscuridad, la silueta de una ruina se dibujó lentamente en las penumbras.

—Esta es mi casa. Fue bombardeada durante la última batalla.

¿¿¿Bombardeada??? ¡Esa era la casa donde yo me hospedaría!

—¿Por qué bombardeada? —pregunté.

—Porque mi hermano es un talibán.

—Un talib… ¿qué? —exclamé. Debo haberme puesto tan pálida que mi rostro se iluminó en la oscuridad de la noche.

Shalwar kameez: Conjunto de pantalón y túnica muy larga, de tela liviana para combatir el calor. Es la vestimenta típica del valle, para hombres y mujeres.

Al percibir mi sobresalto, Sana soltó una ruidosa carcajada.

—No te preocupes, él fue apresado por los militares. ¡Vamos! Después te explico.

Caminamos otros cincuenta metros hacia un callejón sin salida y entramos por una portezuela a nuestra derecha. Allí se encontraba una *hujera*. Reunidos en torno a un hornillo a gas había cuatro hombres, sentados en camas de paja trenzada, con las piernas dobladas sobre el tejido como si estuvieran en el suelo —una costumbre de los hombres de las tribus pastunes. Cuando nos vieron aparecer en la puerta, escondieron apresuradamente sus armas. Bajo las mantas floreadas con que se cubrían, tenían en sus regazos pistolas y fusiles. ¡Yo nunca había visto tantas armas!

Para ese entonces, intenté recordar cómo había llegado hasta allí. Si hubiera seguido el ejemplo de Hansel y Gretel, en aquel cuento que leí cuando era niña, habría marcado el camino con migas de pan. Así, sabría cómo escapar. Pero ¿y ahora? ¿Cómo podría huir? ¿Hacia dónde? Me quedé paralizada por el miedo y no conseguí pensar en nada más.

Estaba tan nerviosa que no presté mucha atención cuando Sana explicó que los hombres eran *lashkares*: habitantes que habían formado una milicia armada para salvaguardar a la aldea de los peligros. El jefe del grupo era el profesor Hanif ¡y estaba amenazado de muerte! Tres meses atrás, había recibido una amenaza: tenía que abandonar el valle en las siguientes 24 horas. Sin embargo, testarudo como los periodistas, Hanif no había dado un solo paso ni

Hujera: Casa de hombres usada para encuentros políticos, reuniones de trabajo y pequeñas celebraciones, lejos de las mujeres, pues según las costumbres pastunes estas nunca pueden ser vistas por extraños.

pretendía dejar su casa. En cambio, se quedaría para defender esas tierras "como un pastún legítimo", me dijo. Por eso, pasaba las noches en vela como un zombi.

Quieto hasta ese entonces, Ejaz, el chofer, tomó coraje y me reveló que él también estaba armado. Traía una pistola escondida en el calcetín. ¡¿En el calcetín?!

—Para protegerme —dijo.

Sucede que yo detesto las armas y discutí con él.

—¿Protegerme de qué peligros, exactamente? —pregunté, desafiante y un poco enojada.

—De los hombres de las montañas —respondieron ellos, enigmáticos, casi a coro. Pero no me dieron ninguna explicación, solo una advertencia—: ¡No debes andar sola por ahí!

La vieja puerta de madera, descascarada por el tiempo, estaba abierta. Una cortina hecha con trozos de tela protegía a las mujeres de las miradas ajenas. En el patio de tierra agrietada, de tan seca, sobrevivía un naranjo solitario. Del otro lado, había una habitación. Allí encontré a las mujeres, todas sentadas en el suelo alrededor de una fogata.

—¡*Masha Allah!* —dijo Razia, la mujer de Sana, cuando me vio, abriendo los brazos y sonriendo. ¡Es su forma de decir que soy bienvenida!

La casa era muy simple, no tenía cocina y el cuarto de baño era solo un agujero en el suelo. Pero nada de eso hace falta, cuando somos recibidos con cariño. Ellos me dieron la habitación más

Lashkar: Palabra de origen persa, traducida como "militante" o "ejército". *Al-askar*, en árabe, quiere decir "soldado". Los lashkares de Swat eran campesinos que se unieron para proteger el valle.

confortable, con un colchón sobre unas tablas y un *sharai* floreado y calentito. Era también el lugar más arreglado, un típico *betak*, adornado con cintas plateadas y doradas, como los templos en los días de fiesta, y donde Sana y Razia guardaban sus regalos de casamiento.

Yo no podía aceptar el privilegio de tener una habitación solo para mí, pero ellos insistieron. La hospitalidad es una cuestión de honor para los pastunes.

En la casa, Sana y Razia viven con su hijo Yaseen, de nueve años, y sus hijas Tanzeela Qasi, de cuatro años, y Aimun Mehvesh, de catorce; la cuñada de la pareja, Nazia, con sus hijos Zahor, de doce años, Ynayatul, de catorce, y Manzoor, de tres años, y sus hijas Waresha, de diez, y Wajeeha, de ocho. En el valle de Swat es así: no importa cuántos sean, la familia entera vive en la misma casa y todos se ayudan.

El jefe de familia es el patriarca Mohib ul-Haq, de 85 años, padre de Sana. Es un señor flaquito, con los hombros curvados por el tiempo, una sonrisa con pocos dientes y la piel tan arrugada como el suelo árido del patio, que él atraviesa a paso lento, equilibrándose con la ayuda de un bastón. Camina envuelto en un sharai con las puntas hasta el suelo, para protegerse del frío; usa sandalias de

Sharai: Manta de lana tejida a mano por artesanos en las aldeas de la región, usada para protegerse del frío severo de las montañas. Llega a pesar cuatro kilos. También es utilizado por los hombres como chal, en una versión más liviana, en la casa o en las calles. Los más tradicionales poseen el color natural de la lana, con un bordado y flecos en las puntas.

Betak: Es una habitación o una sala para recibir visitas. Una casa pastún, por más pobre que sea, siempre tendrá un betak, con una decoración tan imponente cuanto sea posible y donde son colocados los bienes más preciados de la familia.

Chapati (o *paratha*): Pan hecho de harina, agua y sal, redondo y bien finito, como una pizza.

cuero y tiene la barba muy larga y blanca como la nieve. Parece un personaje bíblico.

Todas las mañanas y las noches siguientes, yo me sentaba con la familia en el suelo, formando un círculo alrededor del fuego, para compartir el café y el pan. Ellos eran muy pobres, pero la comida no podía faltar. Recibir bien al visitante forma parte de la tradición pastún y compartir las comidas es un momento de gran importancia. Del hornillo salían los *chapatis* bien calentitos, usados como platos para servir la comida, a la que juntábamos con trozos sacados de los bordes, a modo de cuchara. Así comen los pastunes tradicionales, con las manos.

Permanecíamos allí durante horas, mientras el hollín oscurecía las paredes y contaminaba el aire. Entonces, el viejo Mohib empezaba a contar historias (¡los pastunes son grandes contadores de historias!). Aunque fuera un hombre flaquito, la sabiduría acumulada durante su vida lo transformaba en un gigante. A medida que hablaba, el humo iba delineando titanes, elfos, hadas, brujas, ogros, reyes y príncipes luchando para gobernar. La guerra está presente hasta en los cuentos para dormir.

Pero el cuento que más les gustaba a los niños era el del pequeño gigante que vivía en una calabaza y, un día, comió tanto, tanto pan, que se llenó de gases ¡e hizo estallar la casa con un pedo!

Esa era la señal que indicaba la hora de ir a dormir. De lo contrario, nos quedaríamos allí escuchando historias y comiendo pan eternamente, y terminaríamos, decía el anciano, ¡haciendo estallar la casa con un *pum*! Todos nos reíamos mucho con esa historia y nos íbamos a dormir felices.

En Swat, la falta de luz impone el ritmo en las casas. Los habitantes se despiertan con la salida del sol y, al final del día, el valle languidece cuando cae la luz, sumergiéndose en la más completa oscuridad, una lámpara a la vez.

Razia venía a despertarme todas las mañanas antes de la aurora, con cubetas de agua para mi baño. El agua era extraída de un pozo en el patio y calentada en el hornillo.

—¡*Saba baher!* (¡buenos días!) —decía Razia, mientras su cuñada Nazia intentaba barrer la casa, sin éxito. La escoba de paja, como las de las brujas, levantaba el polvo aún más. Y los primeros rayos de sol hacían brillar las partículas como purpurina en el aire. El ruido de las fibras arrastrándose por el suelo y un gallo desafinado compusieron la acústica durante mis primeros días en el valle de Swat.

Mientras las mujeres preparaban el pan, esperábamos una visita: a Almoz, una niña de siete u ocho años, cabellos enmarañados y ropa remendada, que todos los días recorría las casas en el mismo horario, trayendo una cabra (el sistema de *delivery* de Swat). Del animal extraíamos la leche, que salía calentita y cremosa, lista para beber. Era como si el valle se hubiera detenido en el tiempo, cuando ni las máquinas ni las botellas de plástico existían, y todo parecía más simple.

Después del desayuno, los niños se iban a jugar. Usaban las ramas de los árboles como espadas y libraban batallas por el dominio del diminuto espacio del patio. Las niñas no tenían mucho tiempo para eso, porque ayudaban a sus madres en las tareas domésticas. Solo Tanzeela, de cuatro años, aún no usaba velo y gozaba de beneficios tales como jugar con los niños.

Aimun, de catorce años, era la mayor y la más callada. Parecía una niña triste. Razia me contó que ella y su esposo ya habían recibido tres pedidos de casamiento para su hija, porque las niñas del valle se casan muy pronto. Razia es analfabeta y se casó con Sana a los quince años. Pero Aimun no quería casarse joven, como su madre. Al igual que Malala, ella quería ir a la escuela.

4.

Malala nació y creció entre los pasillos y los antiguos pupitres de madera de la Escuela Khushal, la más grande del valle, del profesor Ziauddin Yousafzai, su padre. El 12 de julio de 1997 su madre dio a luz a la niña con la ayuda de una vecina partera, en una cabaña frente a la escuela. Ziauddin le transmitió su apellido. Para nosotros, parece un gesto común, pero en las sociedades patriarcales del sur de Asia, como Pakistán, los hijos varones son los predilectos. La llegada de un niño es motivo de fiesta, celebrada con música, baile y comidas típicas, mientras que la de una niña ni siquiera es anunciada. Criadas para casarse a temprana edad, momento en el que adoptarán el nombre de la tribu del esposo, ellas casi nunca son registradas al nacer. Oficialmente, no existen.

Malala no sufrió esa discriminación. Padre e hija tenían una relación especial.

En parte, porque de acuerdo con el *pashtunwali* una niña no puede salir a la calle sin estar acompañada por un *mahram*. Son los padres quienes las llevan a la escuela, al médico, a dar un paseo, mientras las madres son mantenidas en *purdah*. Esto provoca un acercamiento entre padres e hijas. Y además, porque Malala era la

Pashtunwali: Es un código de conducta que rige a las sociedades pastunes, transmitido oralmente de padres a hijos por generaciones desde hace milenios. Hasta el siglo XV, los pastunes no poseían escritura, por lo que desarrollaron una fuerte tradición oral. Hasta hoy, la lengua oral es el principal medio de comunicación y transmisión del conocimiento.

hija mayor y desde pequeña acompañaba a Ziauddin, mientras la madre se ocupaba de la casa y de los hijos menores, Khushal y Atal, nacidos respectivamente dos y siete años después de la hermana.

Aunque no fuera un Khan, la dedicación de Ziauddin por el aprendizaje hizo de él un hombre importante. Como representante de la tribu Yousafzai, considerada la más educada del valle, de un linaje de poetas y filósofos de Swat, Ziauddin integraba la *qaumi jirga*, presidía una asociación de escuelas y, más tarde, fundó el Consejo de Paz Global, que luchaba para mantener la paz en la región. Malala lo acompañaba en las protestas, reuniones y eventos públicos, siempre atenta a los movimientos y a las palabras de su padre. Los dos se volvieron grandes compañeros.

Ziauddin era un hombre justo y otorgaba a su hija los mismos derechos que confería a sus hijos. El príncipe Adnan, durante nuestra conversación en su casa, me había dicho: "Los niños (Khushal y Atal) se sentaban en el regazo del padre, y Malala junto a ellos. Después de algunos minutos con la familia, la persona que te dejaba una impresión más fuerte era ella. Las niñas de nuestra sociedad muchas veces se sienten intimidadas. No hablan, no comparten sus sueños, aspiraciones y ambiciones, porque sus vidas están definidas por sus padres y ellas no tienen elección. Es raro que una niña pastún

Mahram: Guardián, necesariamente un hombre de la familia, que puede ser el padre, un hermano, abuelo o tío, pero nunca un primo con el cual la niña pudiera casarse en el futuro. El casamiento entre primos es común entre los pastunes, porque los hombres de otras tribus y clanes son muchas veces considerados enemigos. Para proteger la tribu y sus tierras y aumentar el clan, con los hijos que vendrán, ellos prefieren mantener todo en familia. Por eso, generalmente son los padres los que eligen con quién van a casarse sus hijas. Son los llamados casamientos arreglados.

Purdah: Confinamiento en que viven, en sus casas, las mujeres pastunes del valle de Swat. Ellas solo pueden salir con la autorización de su esposo y acompañadas por él. A veces, si el esposo lo permite, pueden salir con un mahram.

de las áreas tribales obtenga el permiso de su padre para estar entre hombres adultos y, en caso de estarlo, permanecerá callada en un rincón y solo responderá las preguntas que le dirijan directamente a ella. Malala era diferente. Podía percibirse que allí se encontraba alguien que quería algo más de la vida. Eso podía ser visto desde que ella tenía diez u once años. Era una niña extraordinaria".

"Todos los que un día posaron sus ojos sobre Malala sabían que ella tenía algo especial", me confirmó la directora Maryam Khalique, cuando visité la Escuela Khushal.

Aun antes de aprender a leer y escribir, Malala asistía a clases infiltrada entre las alumnas mayores, "con los ojos brillando hacia el pizarrón", me contó madame Maryam. Así es como las niñas llamaban a la directora.

La escuela queda en un caserón blanco. Sentada en un banquito en el zaguán de entrada, yo observaba a las alumnas que iban llegando para sus clases del turno matutino. Al atravesar el pequeño y discreto portón de madera tallada, una a una, ellas se transformaban, como si aquel fuera un portal mágico. El semblante preocupado dejaba espacio a la sonrisa. El miedo, al entusiasmo. El silencio, al alboroto. Los pasos cuidadosos y atentos, ¡al correteo subiendo las escaleras!

Era una mañana soleada y las encontré reunidas en el patio, con vista a las lindas montañas de Swat, como hacen todos los días antes de iniciar las clases.

Khan: Es comúnmente adoptado por los pastunes como último apellido, herencia del Imperio Mongol, cuando era usado como título de honor para designar a los jefes y gobernantes.

Qaumi jirga: La jirga es una asamblea de líderes locales que se reúnen para decidir, por consenso, sobre asuntos importantes para la comunidad. La qaumi jirga del valle de Swat fue creada para defender la paz y preservar la tradición y la historia pastún.

Las niñas me contaron que,
en la escuela,
Malala era
la más lista,
la más valiente,
la más habladora.
¡Desde niña, disertaba como adulta!
Era la más sonriente y también la más confiada.
Fue lo que me dijeron sus compañeras de clase.

La escuela organizaba concursos y competencias entre las alumnas, y Malala empezó a coleccionar trofeos. Participaba de todas las actividades, desde pruebas de conocimiento hasta deportes y teatro. Un día, Malala escribió y produjo una sátira de *Romeo y Julieta*, que interpretó con su amiga Malka-e-Noor; Malala como Romeo y Malka como Julieta. Todos, las alumnas y los profesores, se rieron mucho. Quien me lo contó fue uno de sus maestros, Fazal Khaliq, y me mostró fotografías de aquel día alegre.

Las niñas también participaban de actividades fuera de la escuela. Ellas crearon la Asamblea de los Derechos de los Niños, en la que se reunían para discutir los problemas del valle de Swat y hacerle

llegar pedidos e ideas de soluciones al gobierno. Así, atrajeron la atención de las autoridades hacia el valle. En una de las sesiones, decidieron acabar con el trabajo infantil; en otra, que todos los niños tendrían que estar en la escuela. Malala fue elegida como su portavoz.

Ella casi siempre se sacaba diez. A veces ocho, pero eso cuando el examen valía ocho, como el examen de Física. A veces veinte, pero eso cuando el examen valía veinte, como el de Álgebra. ¡Es que a Malala le encantaban esas asignaturas! La Física, las Matemáticas y la Química. Historia, Biología y Geografía. Pero su tema preferido era la poesía: adoraba hacer rimas. En urdú, pastún, inglés, los idiomas que aprendió a hablar, además de algunas palabritas en árabe.

El nombre de la escuela fue elegido en homenaje a un poeta pastún: Khushal Khan Khatak, que vivió en el siglo XVII. Era conocido como el poeta guerrero. ¡Un guerrero de las palabras, como Malala!

Al contrario que su madre, Tor Pekai, quien no tuvo la oportunidad de ir a la escuela, Malala aprendió a amar los libros desde muy pequeña.

En los recreos, ella y sus amigas intercambiaban volúmenes de la saga *Crepúsculo* y de *Harry Potter*, sus preferidos. Durante la guerra, el niño mago tenía el poder de llevarlas muy lejos, a lugares donde podían divertirse y se sentían más protegidas.

Urdú: Lengua oficial de Pakistán.

Pastún (o Pasto): Lengua del pueblo pastún.

Inglés: Idioma oficial de países como Australia, Canadá, Estados Unidos y Gran Bretaña. En Pakistán es la segunda lengua, llevada por los británicos.

Árabe: Lengua de los pueblos árabes y del Corán, el libro sagrado de los musulmanes, como Malala.

Como leía mucho, Malala también sabía mucho. Por eso, cuando hablaba, todos la escuchaban. A su padre le gustaba discutir sobre política con ella, porque Malala tenía una opinión sobre todo.

¿Y qué es lo que transformaba a esta niña en alguien tan especial? ¡El hecho de querer saber, claro! A veces, ella le preguntaba a las personas, otras a los libros, pero nunca se quedaba sin una respuesta. Era ese enorme deseo de saber el que la hacía ser tan especial.

Lo que pasa es que, en el valle de Swat, los niños no son estimulados para hacer preguntas, sino para simplemente escuchar a los adultos y aceptar lo que dicen como cierto. En pastún, la palabra para "pensamiento", *soch*, es la misma que para "preocupación". ¿Y desde cuándo pensar es lo mismo que preocuparse? Pensar es bueno; la preocupación, no. Cuando tú le preguntas a los niños de Swat: ¿*Wuli*? (¿Por qué?) Muchos responden: *Sakh* (Yo no sé) o *Asai* (Porque sí). Y repiten: ¡*Sabid, sabid!* (¡Lo sé, lo sé!). Solo que, a veces, sin saber.

En la escuela es diferente, todos aprenden a pensar, los niños y las niñas también —en aulas separadas, porque así es en el valle de Swat: las niñas por acá, los niños por allá. Eso es un poco desagradable, pero, como dijo Malala un día: "Lo importante es estudiar".

La vida de las niñas es un poco más difícil que la de los niños, porque ellas ayudan en las tareas domésticas y tienen menos tiempo para ser niñas, jugar y aprender. Pero también es cierto que ellas poseen una ventaja: como las madres raramente pueden dejar la casa, las niñas son usadas desde pequeñas para llevar y traer los chismes de la aldea. Entonces, aprenden a observar y a saber las cosas sin necesariamente preguntar. Así, desarrollan un talento especial, que llevan a la escuela, donde aprenden más rápido y obtienen mejores calificaciones. ¡Los niños se ponen furiosos! Vaya a saber si no es por eso que aquellos hombres querían prohibirles estudiar a las niñas…

∽🙰 5. 🙰∽

Cuando caía la noche y el valle oscurecía, Ziauddin encendía la lámpara y le leía poemas a Malala. Era una forma de olvidarse de las amenazas.

A veces Malala sentía miedo y lloraba bajito, escondida. En esos momentos recordaba que llevaba el nombre de una heroína, Malala de Maiwand. Entonces secaba sus lágrimas con el velo, porque en el valle de Swat todas las niñas usan el *dupatta* o el *shawl*. A Malala no le gustaba esconder su rostro, como las demás, ni usar el burka, porque es "muy difícil andar con aquello", contó un día. Pero el velo de las musulmanas le parecía bonito (¡hay muchas religiones en el mundo

Malala de Maiwand: Fue una poetisa y guerrera pastún, quien según dicen lideró el ejército de su pueblo usando su velo como bandera. Ella murió, pero su coraje llenó de ánimo a sus soldados y ellos ganaron la batalla de Maiwand contra los británicos, el 27 de julio de 1880. Se la conoce como la Juana de Arco afgana.

Dupatta: Velo con el cual las mujeres cubren sus cabellos, incluso cuando están en sus casas.

Shawl: Velo largo, con puntas hasta el suelo, que usan las mujeres para cubrir su rostro y su cuerpo al salir de sus casas.

Burka: Vestimenta que cubre a las mujeres de la cabeza a los pies, como el *niqab*, pero que se encuentra en color azul, blanco y beige. Posee una redecilla a la altura de los ojos para que puedan ver. Tradicional en Afganistán y Pakistán, era en el pasado el traje de las reinas, que no podían ser vistas por los plebeyos. Su uso se volvió obligatorio en público durante el régimen de los talibanes. Hoy es utilizada principalmente por afganas y pakistaníes de las zonas tribales.

Niqab: Vestimenta negra y larga, que envuelve el cuerpo entero y el rostro, dejando apenas una franja para los ojos. Se impone su uso a las mujeres árabes musulmanas de países como Arabia Saudita y Emiratos Árabes Unidos.

y cada cual tiene su gracia!) y con él cubría sus cabellos negros y ondulados, lo que ayudaba a destacar sus lindos ojos almendrados. El rosado era su velo preferido.

Los velos de Malala no eran solo bonitos y coloridos. ¡También servían para esconder los libros! Así, nadie se daba cuenta de que ella iba a la escuela. Todos los días ella tomaba un camino diferente: a veces iba por el río; otras, atravesaba el mercado. Todo para despistar las miradas ajenas.

Cuando pasaba un hombre muy barbudo, ella apresuraba el paso. Porque los hombres que les prohibieron estudiar a las niñas y destruyeron las escuelas del valle de Swat tienen la barba muy larga. Es una de sus costumbres. Ellos se llaman talibanes y viven en las montañas, muy lejos de las escuelas.

Lo curioso es que en las tierras de Malala "talibán" quiere decir "estudiante". Entonces, ¿cómo pueden no gustarles los que estudian? Lo que pasa es que, cuando esos talibanes eran niños, ellos tampoco pudieron estudiar y no saben el valor que eso representa.

Muchos fueron arrancados de sus familias cuando aún eran criaturas. Era la Navidad de 1978 y los soldados soviéticos invadieron Afganistán. El conflicto formó parte de la Guerra Fría. Las bombas caían del cielo como lluvia y miles de familias huyeron hacia el otro lado de la frontera, para vivir en campos de refugiados en Pakistán.

Soviéticos: Nacidos en la antigua Unión Soviética, un país que existió entre 1922 y 1991. Estaba dirigido por el Partido Comunista, que también dejó de existir, y tenía como capital la ciudad de Moscú. La Unión Soviética se desmembró en varios países y Moscú es hoy la capital de Rusia.

Guerra Fría: Al terminar la Segunda Guerra Mundial, en 1945, comenzó la Guerra Fría, una disputa por el poder entre los Estados Unidos y la Unión Soviética, que dividió al mundo en dos bloques, con sistemas económicos, políticos e ideológicos enfrentados: el llamado bloque capitalista, liderado por los Estados Unidos, y el bloque comunista, liderado por la Unión Soviética.

Un día, antes de conocer la historia de Malala, visité uno de esos campos, Jalozai. Es un lugar muy, muy pobre. Las familias viven en carpas de lona, sin luz y con frío. Los niños tienen que buscar agua en pozos muy distantes. Andan descalzos porque el suelo es de tierra y tuvieron que abandonar todo lo que tenían: zapatos, juguetes, la escuela.

Fueron esos los campos de los que muchos niños fueron arrancados de sus familias y llevados a madrazas. A sus padres les pareció bien, porque allí ellos tendrían comida, ropa nueva, un lugar limpio y cálido para dormir y estudio, cosas que no existían en los campos.

Pero aquellos eran tiempos de guerra y a los niños, en cambio, se les enseñó desde pequeños a luchar y a usar armas. Cuando crecieron, se convirtieron en hombres muy violentos.

Yo conocí a un talibán. Tomé coraje y fui hasta su casa en Kabul, la capital de Afganistán. Se llamaba Abdul Salam, pero su apodo era Mulá Misil. ¿Por qué ese apodo? ¡Porque dicen que derribó un helicóptero soviético con un misil disparado desde sus hombros!

Era un hombre que tenía el ceño muy fruncido, incluso más que yo, que llevo el "ceño fruncido" en mi nombre[1]. Hablaba sin dirigirme la mirada, porque, como otros talibanes, también creía que una mujer no tendría que andar sin su esposo ni trabajar, y no le gustaban mucho los extranjeros. Pero después me di cuenta de que se trataba también de una persona triste. Su madre había muerto cuando

---

1. El apellido de la autora, Carranca, significa "ceño fruncido" en su idioma, el portugués. (N. del T.)

Frontera: Línea divisoria entre dos países.

Refugiado: Aquel que busca refugio en otro país para poder vivir seguro.

Madrazas: Escuelas o internados religiosos.

Mulá: Del árabe *mawla*, que significa "maestro o guardián".

él nació y, como era apenas un bebé, fue entregado a una madraza, donde creció lejos de su padre, de sus hermanas y hermanos mayores. Su familia era nómade y siguió su camino, dejándolo abandonado. Luego vino la guerra y lo único que aprendió fue a luchar. Mulá Misil se transformó en un comandante militar de los talibanes.

Seguía órdenes directas del jefe del grupo, Mulá Omar, quien como muchos talibanes nunca había aprendido a leer y escribir. Este era conocido como Mulá Tuerto, porque había perdido el ojo derecho en una batalla. Era también un hombre muy duro, embrutecido por la guerra. Cuando tomó el poder, después de expulsar a los soviéticos de Afganistán, empezó a hacer cosas terribles. Les prohibió a las mujeres salir solas de sus casas y a las niñas estudiar. Otros lo imitaron en Pakistán y los talibanes aumentaron en número y acumularon poder.

Un día, invadieron el valle de Swat –y fue cuando todo cambió en la vida de Malala.

Nómades: Tribus y pueblos pastores que no tienen residencia fija y vagan errantes por el mundo.

6.

Corría el año 2007 y Malala pronto cumpliría diez años, cuando los hombres bajaron de las montañas y llegaron al valle. Ellos circulaban enmascarados en la parte trasera de las camionetas, aterrorizando a niños y adultos, empuñando fusiles Kaláshnikov. Vigilaban los arrozales armados con lanzamisiles y empezaron a destruir todo lo que recordase el pasado. La familia del príncipe de Swat tuvo que huir, el Palacio Blanco fue abandonado y ellos hicieron volar por los aires hasta las estatuas de Buda, de los tiempos en que el valle de Swat era parte del reino budista de Gandhara. Tiempos en los que se lo llamaba *janad*.

Malala y Ziauddin comenzaron a llamarlo paraíso perdido.

Los hombres destruyeron las computadoras, las cámaras fotográficas, los televisores y los equipos de video, DVD y sonido. Los sacaban de las casas y con ellos hacían enormes fogatas en las calles.

Según su criterio, todo era *haram*.

Y Malala ya no podía ver su programa preferido: *Raja Kee Aye Barat Gee (El chico de mis sueños vendrá a casarse conmigo)*, en el canal Star Plus. Ni tampoco tararear su canción favorita, *Merahan Merahan*.

Gandhara: Reino budista que ocupaba el noroeste de Pakistán y partes del este de Afganistán y existió entre el siglo VI a. C. y el siglo XI d. C., cuando fue tomado, en el año 1021, por el conquistador musulmán Mahmud de Gazni, fundador del Imperio Gaznávida.

Janad: Paraíso.

Haram: Pecado.

Decía así: "Su tristeza es mi tristeza, su dolor es mi dolor. Lalala…". Y Malala cantaba muy bien, me contó madame Maryam.

Resulta que los hombres barbudos ordenaron cerrar hasta las tiendas de música. Y mataron a la bailarina Shabana, que era famosa por animar las fiestas de casamiento del valle.

Para servir de ejemplo, los cuerpos eran dejados en la Green Chowk (Plaza Verde), a la cual los habitantes empezaron a llamar Khooni Chowk (Plaza Roja, por el color de la sangre). La plaza quedaba a tres cuadras de la Escuela Khushal y, mientras caminaban a clases, las niñas veían todo aquello.

Malala entendió el mensaje. A partir de aquel día, las cantantes ya no podían cantar, las bailarinas ya no podían bailar. El valle enmudeció y entristeció.

Las mujeres fueron desterradas de la vida social e incluso se les prohibió frecuentar el bazar.

También ordenaron cerrar las barberías, ¡así nadie más se afeitaría! Es que los talibanes se dejan crecer la barba porque, para ellos, si Alá les dio barba a los hombres, es como debe ser. Muchos musulmanes no piensan así. Pero el jefe de los talibanes en Pakistán defendía eso a sangre y fuego, quería que todo se hiciera a su modo.

¡Era terrible el barbiluengo!

Su nombre era Fazle Hayat, pero a él le gustaba que lo llamaran Fazlullah. Era un tipo raro, con sus dientes centrales separados pero su cabello y su barba unidos, a tal punto que no se sabía dónde comenzaba uno y dónde terminaba el otro. El turbante negro sobre su rostro pequeño, enmarcado por aquella portentosa y rebelde cabellera, que parecía la melena de un león, lo hacía aún más dientudo; tan dientudo como charlatán. ¡Cuando empezaba a hablar,

Alá: Dios, en árabe.

Barbiluengo: Hombre que tiene una barba larga.

pasaba la noche en vela sermoneando! Tan así era que lo apodaron Mulá Radio.

Durante su infancia, lo encontraban constantemente durmiendo por los rincones de la madraza. Abandonó la escuela y dejó los estudios religiosos aun antes de saber leer correctamente. En la adolescencia, fue a ganarse unos pesos como operador de teleférico en la estación de esquí de Malam Jabba, ubicada en un colosal nudo montañoso formado por el encuentro de las cordilleras Hindu Kush, Karakorum y Pamir –que conectan Pakistán, respectivamente, con Afganistán al oeste, la meseta tibetana al este a través de la India y China al norte. La única estación de esquí pakistaní fue destruida tiempo después en un incendio provocado por los hombres de Fazlullah, por aquel entonces ya convertido en el "jefe de Swat".

En poco tiempo, Fazlullah se encontraba galopando por las aldeas y las colinas del valle montado en un caballo blanco.

Sus hombres volaron la usina de energía y el valle se sumergió en la más profunda oscuridad. Las pequeñas radios a batería eran la única diversión. Pero solo podía escucharse la voz de Fazlullah y él decía cosas aterradoras, que causaban pesadillas y les sacaban el sueño a las niñas. Sus discursos resonaban por todo el valle como los truenos de una tempestad que se avecina. Fue a través de la radio que él mandó dar la noticia de que las niñas tenían prohibido ir a la escuela.

—Yo quiero educarme y quiero recibirme de méd… –murmuró Malala poco después de recibir la noticia. Ella iba a decir "médica", pero no consiguió terminar la frase. Llevó sus pequeñas manos delicadas al rostro, enmarcado por el velo rosado, y lloró.

Aquel había sido el día más triste de la vida de Malala hasta ese entonces.

ᕕᐛᕗ 7. ᕕᐛᕗ

Ziauddin había tomado la decisión de no permitir que cerraran la Escuela Khushal. Quiso que todos supieran lo que estaba sucediendo en el valle de Swat e inició una campaña.

—¿Cómo se atreve el Talibán a quitarme mi derecho a la educación? —dijo Malala, junto a su padre, en su discurso en la ciudad de Peshawar, capital de las tierras pastunes, en septiembre de 2008. Fue su primera aparición pública. Tenía once años.

Malala sabía que en el Corán está escrito que todos deben buscar el conocimiento. Entonces, recordó la importancia de conocer las letras y los libros. Y, como el poeta Khushal, quien dio su nombre a la escuela, hizo de las palabras su arma:

—Mi fuerza no está en la espada. Está en la pluma —dijo un día.

Bhagavad-Gita: Escrituras sagradas de los hindúes, junto con los vedas, entre otras.

Biblia: Libro sagrado de los cristianos, con el Antiguo y el Nuevo Testamento.

Corán: Libro sagrado de los musulmanes.

Gurú Granth Sahib: Libro sagrado de los sijs.

Kitáb-i-Aqdas: Libro sagrado de los bahaíes.

Torá: Libro sagrado de los judíos.

Los budistas no tienen un libro sagrado, sino que leen varios textos con las enseñanzas de Buda.

¡Malala comenzó a escribir un blog!

Por seguridad, eligió un seudónimo: Gul Makai, heroína del folclore pastún, que en el idioma de Malala da nombre a una linda flor azul.

El blog de Gul Makai era publicado en urdú en el sitio de la red de radio y televisión BBC, de Gran Bretaña, la tierra de la reina. Malala escribía con un refinamiento sorprendente para una niña de la zona tribal, lo que ayudó a llamar la atención hacia los problemas del valle. El primer post comenzaba así: "Tengo miedo".

Pero Malala era una niña muy valiente, porque tener valor no significa no sentir miedo, sino enfrentar los miedos que tenemos. Y todo el mundo tiene miedo de algo, ¿verdad?

Protegida por el anonimato, ella continuó escribiendo. Sus posts humanizaban la guerra. Todos conocieron la tragedia de Swat y el drama de las niñas a través del blog de Malala —es decir, el blog de Gul Makai.

Y por algún tiempo, se sintió contenta de usar un seudónimo, porque a veces no le gustaba su nombre. *Malala* quiere decir "fúnebre" y ella pensaba que eso le traía mala suerte. Tal vez con el nuevo nombre le iría mejor.

El gobierno de Pakistán había prometido proteger las escuelas y el ejército envió soldados al valle de Swat para luchar contra los talibanes.

Todos se pusieron muy contentos, pues creyeron que la paz volvería a reinar. Desde los helicópteros militares, los soldados tiraban caramelos y golosinas para los niños y fueron recibidos con gestos de alivio y alegría. Pero pronto llegaron las bombas y el fuego de la artillería.

Malala tenía pesadillas terribles. Después, ya no podía dormir.

Los helicópteros comenzaron a sobrevolar las escuelas y las casas a una distancia aterradora y, cuando escuchaban el ruido de las hélices, los niños corrían a esconderse. Ya no podían salir de picnic o de paseo. Un toque de queda obligaba a todos los habitantes a volver a sus casas antes de la puesta del sol. Por la noche, las calles quedaban desiertas.

Swat se transformó en un valle de tinieblas.

La Escuela Khushal resistía abierta, pero ir a clases se había vuelto muy peligroso.

Malala cuenta en el blog que, un día, de camino a la escuela, escuchó decir a un hombre: "Voy a matarte". Al mirar hacia atrás, se dio cuenta de que este la seguía, por lo que aceleró su paso. Su corazón también se aceleró. Más tarde descubrió que el hombre estaba hablando por su celular y debía estar amenazando a otra persona.

Ella estaba muy asustada, todos lo estaban.

Los padres temían por la seguridad de sus hijas. Muchas amigas de Malala abandonaron el valle.

Madame Maryam, la directora de la Escuela Khushal, ordenó a las alumnas que no usaran más el uniforme, así nadie sabría adónde iban. Pero seguía siendo arriesgado mantener la escuela abierta, pues el plazo que los talibanes habían dado para que cerraran todas las puertas en Mingora, la ciudad de Malala, se acercaba. Si no cumplían sus órdenes, ¡los terroristas amenazaban con volar las escuelas! Ellos ya habían dinamitado más de un centenar en las aldeas vecinas.

Entonces, en el último día del plazo dado por los talibanes, la Escuela Khushal también cerró.

Ziauddin decidió llevar a su familia a pasar algunos días fuera de Swat, donde aún se vivía en paz. Las carreteras eran vigiladas a distancia por los talibanes y todos estaban preocupados. Pero, después de pasar la sierra sin complicaciones, la familia respiró aliviada.

A Malala le gustaba viajar y conocer lugares nuevos, aunque extrañara las bellezas naturales de su Swat. Estaba entusiasmada, pero pronto descubrió que, aunque la guerra había quedado atrás, sus efectos acompañaban a todos los que habían pasado por aquella experiencia.

Un día, ella vio a su hermano menor, Atal, jugando solo en el jardín. Cuando su padre le preguntó qué estaban haciendo allí, revolviendo el césped de esa forma, el niño respondió que jugaba a hacer una tumba.

En otro momento, Malala lo vio con un helicóptero de juguete, mientras su otro hermano sostenía una pistola de papel. Uno gritaba: "¡Fuego!", y el otro respondía: "¡A sus puestos!". Ellos le dijeron a su padre que querían hacer una bomba atómica.

En un viaje a la aldea de Bannu, el ómnibus en el que viajaban se sacudió con un pozo, lo que hizo sonar el claxon y despertó a Khushal. "¿Fue la explosión de una bomba?", le preguntó a su madre, atemorizado.

Cansada de la violencia, Malala acordó con sus hermanos que no hablarían más de guerra, sino de paz, pero la guerra estaba empeñada en no terminar.

Sin conseguir adaptarse a la mudanza, Ziauddin decidió volver a casa con su familia, aunque muchos estuvieran recorriendo el camino opuesto. Y se encontraron con una situación aún peor.

La educación de las niñas continuaba prohibida y Malala se entristecía al ver su uniforme, su mochila y el estuche de geometría en un rincón, en desuso. Extrañaba la escuela y hasta las discusiones con sus compañeras de clase. Pero los talibanes habían ordenado que las niñas ya no salieran. Durante meses, ellas permanecieron presas dentro de sus casas.

Malala escribía todo en su blog, donde podía ser libre. También se transformó en el único lugar por donde la gente del exterior podía enterarse de lo que sucedía en el valle, como espiando por el ojo de una cerradura. Los sucesos relatados impactaban a la población de otras regiones de Pakistán y del mundo. Malala cosechó muchos lectores y todos comentaban sobre lo que ella escribía,

pero nadie podía saber quién era la verdadera autora, pues los talibanes no perdonarían su osadía. Solo sus padres, Ziauddin y Tor Pekai, sabían que su hija era la bloguera de Swat. Ese era su secreto. Y ellos supieron guardarlo hasta el fin de la guerra.

Cierto día, llegó la noticia de un acuerdo de paz. El sonido de los disparos resonó en el valle una vez más, pero estos eran de festejo. Los padres y los hermanos de Malala lloraron. Esta vez, eran lágrimas de alegría. Las familias vecinas se repartían dulces y comidas entre sí, como suelen hacer los pastunes los días de fiesta. ¡Todos salieron a la calle a festejar!

El pueblo de Swat se había cansado de los conflictos. El acuerdo de paz volvió a encender sus esperanzas y, por un momento, la gente volvió a ser feliz, a pesar de la incertidumbre...

Pero la violencia no demoró mucho en regresar.

Se rumoreaba que algunos comandantes talibanes no habían aceptado el acuerdo y seguirían luchando hasta el último suspiro.

Malala sintió angustia en su corazón al saberlo.

"Nuestras esperanzas de paz han sido aplastadas", escribió en el blog.

Poco después, el ejército lanzó una gran ofensiva y se inició la segunda batalla de Swat.

Las explosiones provocaban destellos en el cielo, iluminando la oscuridad del valle. Más de dos millones de habitantes –casi toda la población del valle y sus alrededores– dejaron sus casas, en el mayor éxodo de la historia de Pakistán. Todos huyeron, abandonando todo cuanto tenían. Y Swat se transformó en un valle fantasma.

Los Yousafzai también tuvieron que partir, esta vez por un largo tiempo. Malala pasó por cuatro ciudades en tres meses y ya no conseguía escribir en su blog. Estuvo en la casa de su abuela, de tías, tíos y primos, y hasta la pareció divertido volver a verlos. Pero ser obligada a vivir en un lugar distante era muy difícil.

Todo en su vida parecía estar patas para arriba. Estaba lejos de casa, de la escuela, de los libros, de su padre. Ziauddin continuaba con su campaña en busca de ayuda para poner fin a la guerra en Swat y hacía muchos viajes. Estaba tan preocupado con la situación que se olvidó del día en que Malala cumplía 12 años y ella se entristeció.

El padre le prometió que todo volvería a estar bien pronto y ellos volverían a casa, pero las noticias de Swat no eran nada buenas y ese día nunca llegaba…

Hasta que llegó.

8.

El Ejército de Pakistán consiguió expulsar a los talibanes del valle y estos regresaron a sus escondites en las montañas. La guerra terminó y la familia finalmente pudo regresar a casa. Solo que Swat ya no era como antes. Malala encontró la ciudad vacía, el mercado cerrado, las casas abandonadas, muchas de ellas destruidas.

¿Y adivina qué lugar ella quiso visitar primero? ¡La escuela! ¡Pero allí encontró todo patas para arriba! El cartel de la Escuela Khushal estaba tirado en el suelo, había pupitres rotos, grafitis, paredes destruidas, otras con marcas de disparos. Los soldados habían usado las escuelas como cuarteles.

En total, más de cuatrocientas fueron destruidas durante la guerra y 600 mil niños se quedaron sin clases.

Poco a poco, sin embargo, la vida fue volviendo a la normalidad. Las escuelas reabrieron sus puertas, en los casos en que aún conservaban sus puertas. Muchos niños y niñas tuvieron que estudiar en barracas, debajo de los árboles, en medio de los escombros, usando ladrillos para sentarse. Las tiendas de música y las barberías volvieron a abrir y los pobladores desenterraron equipos de TV, DVD y sonido que habían escondido bajo la tierra.

Con los talibanes lejos, Ziauddin reveló que Malala era la niña bloguera.

¡Ella se hizo muy famosa!

Hasta apareció en un documental de *The New York Times*, un periódico estadounidense muy leído en todo el mundo. Los periodistas

mostraban curiosidad e interés en saber qué había sucedido con las familias de Swat después de la guerra, y Ziauddin y Malala comenzaron a dar entrevistas.

En todas ellas, defendían el derecho de las niñas a la educación.

–Yo tengo derecho a una educación. Yo tengo derecho a jugar. Yo tengo derecho a cantar. Yo tengo derecho a hablar –dijo Malala a una cadena internacional de televisión. Y sus palabras fueron escuchadas en el mundo entero.

Por su activismo, Malala ganó premios y consiguió beneficios para las escuelas de la región.

En diciembre de 2011, Malala recibió el Premio Nacional de la Paz –más tarde rebautizado con su nombre, de lo cual volvió a enorgullecerse. Durante la ceremonia, reveló que ya no quería ser médica, sino formar un partido político para defender la educación.

La niña de modales dulces, pero de argumentos sólidos, desafiaba frecuentemente a los hombres que habían prohibido a las niñas ir a la escuela, dejándolos a veces en ridículo. En un territorio en el que las mujeres habían sido silenciadas por el terror, Malala había cruzado un límite peligroso.

Para los hoscos hombres de las montañas, ella estaba yendo demasiado lejos…

El valle de Swat había vuelto a dormir en silencio, un silencio aún extraño para Malala. El ruido de los helicópteros, los disparos y las explosiones ya no interrumpía las madrugadas, pero el peligro seguía latente. Se creía que los talibanes habían atravesado la frontera hacia el valle de Korengal y estaban escondidos en ese laberinto de montañas, cavernas y túneles, lejos de las miradas, pero suficientemente cerca como para mantener su vigilancia atemorizante. Por su geografía y su proximidad con la frontera, Korengal es un viejo reducto de terroristas. Por eso se lo conoce como el Valle de la Muerte.

Los talibanes volvieron a las montañas, pero el valle de Swat continuaba viviendo a la sombra del miedo, bajo la vigilancia, ahora distante, de los villanos al acecho.

—Hay miedo en mi corazón —confesó Malala. Mirando por un agujero en la pared de la escuela, a través del cual se veía todo el valle de Swat—. Esto es Pakistán. Los talibanes nos destruyeron.

—¡Vamos a matarla si no se calla! —prometieron ellos, desde sus escondites en el Valle de la Muerte.

9.

Muchos días y noches pasaron, y muchas historias me contaron. Aquel día, 9 de octubre de 2012, un martes soleado, esto fue lo que ocurrió:

Con el llamado de los almuédanos, que resonaba desde las torres de las mezquitas, el valle de Swat amaneció sin una nube en el cielo, un día típico de otoño. La noche se había llevado consigo las angustias. Así era todos los días, porque las niñas del valle de Swat habían aprendido con la violencia a vivir el presente, una salida del sol por vez.

Cada una en su casa, las alumnas de la Escuela Khushal se despertaron temprano, rezaron y tomaron el desayuno: té azucarado, huevos fritos y paratha. Vistieron sus uniformes azul marino y el shawl blanco y partieron hacia la escuela.

Aquella mañana las niñas entraron un poco más tarde, a las nueve –y no a las ocho y cuarto como de costumbre–, porque era el segundo día de exámenes finales. Como todos los días, se reunieron en el patio, con vista a las montañas, cantaron el himno nacional y se dirigieron a sus aulas.

Rida recuerda que Malala parecía preocupada.

Almuédano: Es el hombre responsable de llamar a los fieles para rezar en las mezquitas, pronunciando frases del Corán de forma melodiosa, así como el repique de las campanas llama a los cristianos a misa en las iglesias.

Desde el primer año, Malala siempre obtenía las calificaciones más altas. Sin embargo, ahora a sus catorce años y cursando el noveno año, había cedido el lugar de mejor alumna a su colega de clase Malka-e-Noor en los últimos exámenes. "Tal vez ese fuera el motivo del mal augurio", pensó Rida, que se sentaba junto a Malala. "A nosotras nos sorprendió, porque Malala era siempre la primera. Nunca vi que dejara de hacer las tareas que nos daban para el hogar. Y jamás faltaba. Iba a la escuela todos los días y no sacaba ninguna ventaja porque su padre fuera el dueño. Ella creía que, si quería dar un mensaje para que las demás estudiaran, tenía que ser la mejor en eso. Y estaba decidida a ser la mejor alumna nuevamente", me explicó Rida.

Al terminar el examen, dejaron salir a las niñas más temprano que de costumbre: a las 11:30, en lugar de a las 13:30.

A la salida, el griterío por los pasillos era ensordecedor. Se sentían aliviadas por terminar un nuevo día de exámenes y Malala parecía feliz porque le había ido bien.

—El examen de hoy fue muy difícil, ayer por la noche estudiamos hasta tarde, así que ahora vamos a jugar —recuerda Rida haber escuchado de Malala. Rida, Malala y Moniba se sentaban en ese orden en el aula y, después del examen, fueron a jugar al balancín (o sube y baja), aunque parecieran estar grandes para eso.

Más tarde, Malala compró una bebida en la cafetería escolar y, como siempre lo hacían, ambas dividieron la comida: un arroz preparado por la madre de Rida. "Malala adoraba el arroz de mi madre y siempre me pedía que trajera dos cucharas", me dijo. A las niñas de Swat, de hecho, les encanta el arroz y lo comen con todo, a toda hora y de todo tipo: colorido, picante o chino. Tradicional, largo, corto o japonés.

En la cafetería también estaba Kainat Riaz, de quince años, alumna del último año. Ella pidió un *chawan* (un bol chino de, ¿adivina qué?: arroz) y se puso a conversar sobre el examen con sus compañeras de clase. Había dejado dos preguntas sin responder y le contaba a las otras que había apelado al llanto para convencer a la profesora de que le diera más tiempo. Estaba cansada y quería irse a casa a estudiar para el examen de Física del día siguiente. Una de las niñas insistió para que se quedara. "¡Toma el segundo autobús, Kainat! ¡Por favor!". Y ella se quedó.

A Shazia Ramzan, que tenía doce años y estaba en el octavo año, le gustaba quedarse chismorreando con sus amigas hasta más tarde y siempre tomaba el segundo autobús.

El conductor, Usman Ali, estacionó la *dyna* frente al portón sin carteles de la calle Yahya, un callejón enlodado, por donde las niñas entraban y salían con cierta discreción. Como Malala se había hecho famosa, el Ejército le había ofrecido una protección especial a Ziauddin, quien la rechazó. "¡Una escuela no es lugar para armas!", decía él. Pero había otro motivo: Ziauddin no confiaba en los soldados.

La escuela quedaba a menos de un kilómetro de la casa donde

Dyna: Pequeña camioneta adaptada como autobús escolar.

vivían los Yousafzai, pero Malala, por seguridad, había comenzado a usar el transporte escolar.

Usman Ali hizo sonar el claxon, anunciando que estaba por partir.

Kainat se sentó primero, más al fondo; Shazia la siguió y se sentó a su lado. Malala y Moniba se despidieron de Rida, que partió en auto con su padre, y corrieron hacia la dyna, sentándose en ese orden.

Era cerca del mediodía. Los termómetros marcaban treinta grados, a pesar de ser otoño.

El olor que emanaba de las casas delataba lo que las familias preparaban para el almuerzo. La voz del almuédano resonaba desde los altoparlantes de las mezquitas, convocando a los fieles para el segundo rezo del día. El llamado se mezclaba con el sonido de los automóviles, el ronquido de los motores y las voces de las niñas. El autobús se puso en marcha, aunque no estuviera repleto, ya que ese era su segundo y último viaje del día.

De esta forma, continuó su recorrido por la congestionada calle Haji Baba, pasó frente al puesto militar de Shadid, donde los soldados cumplían su turno detrás de barricadas hechas con sacos

de arena y, menos de cien metros después, dobló a la derecha en la calle Sharif Abad.

Kainat abrió el libro de urdú para confirmar si había respondido correctamente sobre la fecha de nacimiento del poeta Mirza Asadullah Khan. A su lado estaba Shazia, después Malala y Moniba. Malala jugaba con las palabras, creando *tappeys*. Como siempre, bromeaba, sonreía y se divertía con las otras niñas.

Distraídas, ellas no prestaron atención cuando la dyna frenó abruptamente, cerca de trescientos metros después de entrar en la calle Sharif Abad –por ser una calle muy estrecha, es común que un automóvil se detenga para darle paso a otro. El vehículo se detuvo entre una fábrica de bocadillos y el mausoleo ornamentado del ministro que se encargaba de las finanzas del valí de Swat, Malak Sher Mohammad Khan, un recuerdo de los tiempos de prosperidad en el valle. A la distancia se veían las montañas de Gulkada, mencionadas por el peregrino chino Sun Yun en el año 520 a. C. como la ubicación del monasterio de T'a-lo, uno de los más de quinientos monasterios budistas del valle de Swat durante el reino de Gandhara. Los monjes eran atraídos por su belleza, inmensidad y paz.

Una paz que ya no existía.

Dos hombres en una motocicleta le habían hecho señas a Usman Ali para que se detuviera. Uno de ellos se bajó de la moto y se acercó, preguntando si ese era el autobús que llevaba a las alumnas de la Escuela Khushal, aunque el nombre estuviera pintado en

---

Mirza Asadullah Khan: Fue el poeta más importante del Imperio Mogol y es considerado uno de los escritores más populares de la lengua urdú, hablada en Pakistán. Si estuviera vivo, hoy tendría 217 años.

Tappey: El más antiguo y popular género de poesía pastún. Se compone de dos versos, el primero siempre más corto, de nueve sílabas; el segundo, de trece. A las niñas del valle de Swat les gusta jugar a inventar versos y gana quien hace las mejores rimas. En Afganistán, ese tipo de poesía también es parte del folclore y se conoce como *landay*.

letras bien grandes sobre la vieja carrocería, destartalada por el uso y ya corroída por la herrumbre.

Inmediatamente, el hombre saltó a la parte de atrás de la dyna. "¿Cuál de ustedes es Malala?", preguntó.

Su tono era grave, aunque no hubiera gritado. Se apoyaba con los pies en el estribo, aferrándose con la mano izquierda a la estructura metálica que sostenía el techo plástico de la parte trasera del vehículo, en el que viajaban veinte alumnas y tres profesoras de la Escuela Khushal. En la mano derecha, tenía el dedo en el gatillo de una pistola. Su nombre, se supo más tarde, era Attaullah, y, como la mayoría de los hombres de las montañas, no tenía apellido ni sabía su edad con precisión, pero se calcula que rondaría los veinte años. Se supo también que cumplía órdenes del más temido comandante de los talibanes: el barbudo Fazlullah. ¡El Mulá Radio!

A la pregunta del extraño, en un acto instintivo e involuntario, las niñas dirigieron sus miradas hacia Malala y el mundo se detuvo. En su imaginario, aquel momento duraría una eternidad, aunque no hayan sido más de diez segundos.

"Yo pensé que se trataba de alguien que quería encontrarla", me dijo Shazia. Por eso, no sintió miedo.

"Debe ser solo un muchacho estúpido queriendo gastarnos una broma", pensó Kainat. Sin embargo, de inmediato, vio la pistola en la mano del desconocido y dejó escapar un grito, "el más fuerte y agudo que todo el valle hubiera escuchado", en sus propias palabras.

—Deja de gritar, si no... —dijo el hombre. Pero antes de terminar la frase, él reconoció a Malala. Al escuchar su nombre en la voz del extraño, ella se había girado instintivamente en su dirección. Era la única que no llevaba su rostro cubierto por el shawl.

Entonces, él disparó.

¡Tres veces!

El primer disparo alcanzó a Malala.

La segunda bala perforó el hombro de Shazia, quien se había inclinado para socorrer a su amiga, y fue a parar al brazo derecho de Kainat. Otro tiro hirió la mano izquierda de Shazia. Malala cayó hacia adelante, la cabeza sobre el asiento forrado en plástico. Una de las profesoras cubrió su rostro con el velo, que era blanco y se puso rojo. Un charco se formó rápidamente en el suelo, entre los pies de las niñas, y un olor extraño se apoderó del ambiente: olor a sangre y pavor.

Los criminales huyeron en su moto por un callejón y desaparecieron.

—¡Despierta! ¡Levántate, Malala! ¡Despierta! —exclamaba Moniba.

—¡Mírame, ayúdame, yo también fui baleada! —le gritaba Kainat a Shazia.

—No puedo mover el brazo para alcanzarte —respondió Shazia, que también había sido herida y solo lloraba.

En la cabina delantera, la profesora Rubi sacaba la mitad de su cuerpo por la ventanilla y agitaba su brazo en el aire para que los automóviles, rickshaws y carretas se hicieran a un lado. Con el rostro empapado de sudor y los ojos saltones, el conductor había pegado su mano al claxon y su pie al acelerador. Así, abrían paso a la dyna en dirección al Hospital Central de Saidu Sharif.

En el hospital, Malala fue bajada rápidamente y llevada a la sala de emergencia. Atrás, en el suelo del autobús escolar, quedaban uno de sus zapatos y su mochila de Harry Potter.

–¿Quién más fue baleada? ¿Quién está herida? –preguntaban los médicos, a medida que las niñas bajaban del vehículo.

Mientras el drama se desarrollaba en el centro de emergencia, le avisaban a Ziauddin. Él estaba en un evento en el Club de Prensa de Swat y no imaginaba que su hija había atravesado la puerta inconsciente. Minutos más tarde, sonó su celular. Reconoció el número de la Escuela Khushal pero, como estaba a punto de dar su discurso, le pasó el teléfono a Ahmed Shad. Amigos de larga data, ellos se conocían por sus miradas y, mientras hablaba a la platea, Ziauddin notó la expresión preocupada de Ahmed al teléfono. "Él enseguida entendió que algo malo le había pasado a su hija. Su rostro empalideció. Se puso blanco", me contó Ahmed, cuando fui a conocer su escuela en Mingora.

Ahmed y sus amigos abordaron un jeep y llevaron a Ziauddin rápidamente al hospital; la directora de la escuela, Maryam, llegó justo detrás de ellos, llevada por su esposo en la parte de atrás de una bicicleta.

–¡Malala! ¡Malala! ¿Estás bien? ¿Puedes oírme? Soy tu papá –preguntaba Ziauddin al encontrar a su hija inconsciente.

–Malala, soy yo, Maryam. ¿Puedes escucharme? –la llamaba la directora.

Pero Malala ya no podía escuchar.

–¿Ella está bien, doctor? ¿Sobrevivirá? Por favor, dígame, ¿mi hija va a sobrevivir? –repetía Ziauddin, alternando su mirada entre el médico y su amigo Ahmed Shah. "No sabíamos qué decirle", me contó después Ahmed.

El médico que atendió a Malala aquel día –Mohammad Ayub– me confesó más tarde que el hospital no estaba en condiciones de salvarla. Era un hospital muy simple y el único del valle de Swat.

Para ese entonces, la noticia ya se había propagado y todos pedían por la vida de Malala. Entonces, el todopoderoso comandante de las Fuerzas Armadas de Pakistán, el general Ashfaq Parvez Kayani, mandó un helicóptero al valle de Swat para rescatarla. Ella fue transferida al Hospital Militar de Peshawar, la capital de la provincia de Jaiber Pajtunjuá.

Ziauddin y Maryam viajaron con ella en el helicóptero. Malala empeoraba a cada minuto. "A veces, parecía que iba a reaccionar. En cierto momento, intentó limpiar la sangre con su propio velo. Yo le dije a Ziauddin: '¡Mira, está reaccionando!'. Pero enseguida ella cerraba los ojos nuevamente. Cuando sentía dolor, Malala tomaba mi mano con mucha fuerza. La vimos en una situación muy crítica allí", relató Maryam.

Ya era de noche cuando la madre y los hermanos de Malala llegaron al hospital en Peshawar. En una sala contigua a la habitación en la que se encontraba su hija, arrodillada sobre el frío suelo, Tor Pekai comenzó a rezar. Los niños, Atal y Khushal, lloraban.

En la sala de la unidad de terapia intensiva, el rostro de Malala perdía color y brillo. "¡Ella es una niña tan fuerte! Parecía no querer rendirse ante las heridas. A veces se agitaba e intentaba quitar de su dedo el aparato para medir sus pulsaciones cardíacas. Yo le decía: '¡Malala, no hagas eso!'. En un momento, ella murmuró: 'No me pelees'. Fue lo último que dijo. Después de eso, su rostro empezó a ponerse cada vez más blanco y sin expresión", dijo Maryam.

Ziauddin entró en la sala, se acercó a la cama de su hija y besó su cabeza. Intentó hablar con ella una vez más, pero Malala ya no respondía.

Jaiber Pajtunjuá: Tierra de los pastunes, provincia en la que se encuentra el valle de Swat.

—¿Sobrevivirá, doctor? Ella fue herida en su cabeza y yo no creo que se salve… ¿Usted qué cree? ¿Piensa que va a sobrevivir? —preguntaba Ziauddin. Estaba desesperado.

"Estábamos perdiendo las esperanzas. Pero, no sé por qué motivo, en mi cabeza y en mi corazón, yo tenía la certeza de que ella viviría", me contó Maryam.

—*Insh'Allah*, ella sobrevivirá —respondió el médico, entonces. Pero, para aquel momento, él ya no podía estar seguro de eso.

Cerca de la medianoche Malala se sumergió en un sueño profundo, tan profundo que su corazón casi dejó de latir. Su cuerpo frágil, finalmente, se rendía ante el disparo.

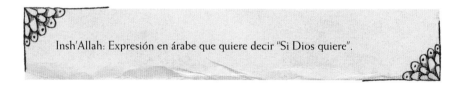

Insh'Allah: Expresión en árabe que quiere decir "Si Dios quiere".

10.

Fue ese disparo el que me llevó al valle de Swat.

Cuando visité la Escuela Khushal, el lugar de Malala estaba vacío, y la entrada era vigilada por dos policías armados. En su clase estudiaban treinta y una niñas –treinta y una menos una. Moniba, su mejor amiga, había tallado el nombre Malala en el pupitre donde se sentaban juntas y decretado: solo será ocupado cuando ella regrese. Pero aún no se sabía si su amiga volvería...

En el patio, había un gran cartel con una foto de Malala, y en los pasillos, pegadas en las paredes, decenas de tarjetas enviadas por personas del mundo entero, con deseos de mejoría.

Querida Malala,
tu coraje y tu fuerza son una inspiración para todos nosotros.
Deseamos que tú, Shazia y Kainat se recuperen pronto y reciban
apoyo en su lucha por la educación.

El clima después del atentado aún era de terror. Por eso, a las alumnas de la Escuela Khushal les habían recomendado no conversar con extraños. Y yo era una extraña en ese lugar. Pero las niñas del valle de Swat siempre fueron muy valientes, entonces, viendo que yo era tan solo una periodista, encontraron una forma de hablar conmigo: ¡pasándome notas a escondidas!

En una de las notas había tres direcciones.

El invierno se acercaba y el clima empezaba a cambiar. Mi viaje estaba llegando a su fin y yo aún tenía una misión: ir a aquellas direcciones misteriosas que las compañeras de Malala me habían pasado.

Entonces, una mañana de cielo nublado y llovizna, caminé por las calles de tierra, que poco a poco se transformaba en lodo, hasta llegar a un callejón siniestro. La basura se acumulaba y las puertas cerradas de lo que parecían ser pequeños comercios se oxidaban. El escenario era de abandono. El callejón tenía acceso por la Plaza Gulshan, transformada en campo de batalla durante la guerra y ahora ocupada por tanques del Ejército. En el número escrito en el papel, había una portezuela de madera que daba acceso a una escalera. Aplaudí, pero nadie atendió. Subí. Solo cuando aparté la cortina, después del último escalón, pude ver a Shazia, la niña que estaba sentada junto a Malala en la dyna aquel día tenebroso y que también había sido baleada.

Shazia me recibió con una sonrisa tímida.

Ella recién salía del hospital, después de un mes de internación para tratar las heridas en el hombro y en la mano, y todavía no se recuperaba del trauma. Estaba sola, leyendo un cuaderno con mensajes de sus compañeras de la escuela, el velo negro cubriéndole los cabellos y parte del cuerpo. Ella vivía allí, con sus padres y dos de sus ocho hermanos. Cuando llegué, la madre cocinaba en un horno a leña en el pequeño patio y el humo que emanaba de las grandes ollas inundaba el aire con el aroma agridulce del *chutney*.

Pasamos la mañana juntas, conversando en su habitación, decorada con alfombras coloridas, cojines bordados y guirnaldas de flores. Fue cuando ella me contó todo lo que sucedió aquel día sombrío, pero los recuerdos aún la ponían nerviosa. Al hablar, su respiración era agitada y su corazón latía aceleradamente.

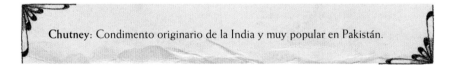

Chutney: Condimento originario de la India y muy popular en Pakistán.

–¿Tienes miedo? –le pregunté.

–Un poquito –confesó Shazia, con voz frágil, casi inaudible. Pero dijo que ese poquito se iba achicando y ella se sentía más fuerte cada día.

La noche anterior al atentado, me contó Shazia, ella había soñado con un disparo. No lograba recordar dónde estaba ni el rostro del verdugo. Las imágenes estaban borrosas en su mente al mismo tiempo somnolienta y despierta, como eran las noches mal dormidas de las niñas del valle de Swat desde los conflictos. Shazia se había despertado por su propio grito, empapada de sudor, y había sentido alivio al percibir que se trataba solo de un sueño. Muchas veces, cuando el valle estaba en guerra, había sucedido lo contrario: creía estar teniendo una pesadilla cuando era realidad. Aquella noche, le costó volver a dormir, pero al día siguiente, concentrada en el examen, lo olvidó.

Cuando todo sucedió, Shazia recordó: ¡el sueño!

Ella aún no conseguía dormir bien cuando nos encontramos, a causa de los malos recuerdos, que tardaban en desaparecer. Pero ya tenía otros sueños: tres, para ser exacta. El primero era volver a estudiar; el segundo, recibirse de médica; y el tercero, ayudar a otras niñas a ir a la escuela.

No eran sueños tan fáciles. Aunque no debería ser así, ir a la escuela continuaba siendo peligroso y, después del atentado, el Ejército decidió que Shazia solo volvería a estudiar acompañada por soldados. ¿Puedes imaginarlo?

–Ahora es muy difícil ir a cualquier parte. Tengo que pedirle autorización a mi madre, que la pide a mi padre, que la pide al policía, que la pide a su jefe, que la pide al Ejército, que decide y le informa al policía, que le informa a mi padre… ¡Necesito al menos una hora para ser autorizada solo a salir de casa! –dijo Shazia, riéndose mucho de su propio drama.

El día anterior a nuestra conversación, ella había salido de casa por primera vez para visitar a una amiga. El policía la llevó en un rickshaw. Shazia y yo nos reímos al imaginar la escena.

Mientras conversábamos, el policía armado entró en la habitación y se sentó en el borde de la cama sin pedir permiso. Quería escuchar lo que hablábamos y decidí que era hora de partir.

Me despedí de Shazia y prometí quedar en contacto.

—¡Insh'Allah! —dijo.

Me fui pensando en lo difícil que es la vida de las niñas en el valle de Swat y en lo privilegiada que soy por haber podido visitar la escuela, sin que eso implicara algún peligro, aunque las cosas no sean así para muchos niños también en mi país.

Pensativa, seguí mi camino hasta la segunda dirección escrita en la nota, un kilómetro más adelante, por las callejuelas de muros altos, tan típicas de Swat.

Al doblar la última esquina, después de un campo de arena en el que algunos niños jugaban al cricket, encontré a dos policías fuertemente armados —creo que ellos se asustaron más conmigo que yo con ellos. Antes de preguntarles nada, espié por la rendija de la puerta entreabierta y reconocí a Kainat, de piel muy blanca y mejillas rosadas con los primeros granitos de la adolescencia que no reducían su belleza en lo más mínimo. Ella usaba un velo negro, pincelado por pequeñas flores color lila, combinando con la túnica bordada y adornada con una franja de encaje rosada, el color preferido de Kainat y de Malala; y todo combinando con los calcetines a rayas de colores. Las pantuflas eran una muestra de que no pensaba salir. Me invitó a entrar.

Desde el atentado, Kainat casi no asomaba la nariz fuera de su casa. Se sentía "deprimida y aburrida", en sus propias palabras. Solo una vez, exactamente veinticuatro días más tarde, los militares permitieron que visitara a sus compañeras de clase en la escuela. Pero la visita solo duró dos horas y, por orden de los soldados, ella tuvo que regresar. Fuera de esa pequeña aventura, Kainat pasaba las tardes en compañía de su padre, siempre a su lado, en un shalwar kameez impecable; un hombre bajito y regordete, con unos pocos cabellos alineados hacia un lado, un portentoso bigote y una voz tan dulce como la de su hija.

El día en que todo sucedió, Kainat quedó tan asustada que se negó a bajar de la dyna y obligó a Usman Ali, el conductor, a llevarla a casa, aun estando herida. Al verla llegar con la ropa sucia de sangre y temblando, su padre sufrió un ataque de nervios y casi fue a parar al hospital con ella. Quedó tan preocupado por la seguridad de su hija que nunca más la dejó sola, a pesar de la presencia de dos policías que vigilaban la puerta día y noche.

La casa de la familia queda en Makan Bagh, junto al Grassy Ground, un campo de cricket heredado de los británicos, usado por los talibanes para el castigo y la ejecución de condenados –un teatro público del terror. Desde aquellos tiempos, Kainat sentía un gran pesar. En los días previos al atentado, la sensación era aún más

fuerte. "Sentía una tristeza profunda, un sentimiento que no podía explicar", me dijo. Tres días antes de que todo ocurriera, ella habló con su padre sobre aquel sentimiento desagradable y le pidió que la llevara a algún lugar hermoso, para que pudiera distraerse. La familia decidió realizar un paseo y el lugar elegido fue el Palacio Blanco, recordatorio de los tiempos de paz en el valle. Aun así, el sentimiento de tristeza no pasaba y Kainat, todo el tiempo, sentía ganas de llorar.

En función de los sucesos que vinieron a continuación, muchos entenderían lo que sucedió con las niñas aquella noche como una premonición, pero lidiar con la violencia era rutinario en el valle de Swat. Cada una en su habitación, a pocas cuadras de distancia una de la otra, Malala, Kainat y Shazia intentaban diariamente superar sus miedos y angustias.

—Cuando estoy sola, aquellas escenas regresan y siento nuevamente el olor… ¡Olor a sangre! —me contó. A causa de esos recuerdos, ella comenzó a tener miedo a la oscuridad y, cuando dormía, soñaba en rojo.

Kainat compartía la habitación con su hermana y dos hermanos, que la estaban ayudando a atravesar esos tiempos difíciles. En la otra habitación, dormían sus padres. La comida era preparada en un hornillo. Tambores de plástico azul se hallaban esparcidos por la parte trasera de la casa para almacenar el agua de lluvia. No había energía eléctrica y, por eso, Kainat pasaba los días en el patio, aprovechando la luz natural para leer. Aunque no hubiera regresado a la escuela, insistía en continuar estudiando, con la ayuda de su padre, profesor de escuela primaria.

Temía que el hombre que les disparó a ella y a sus amigas regresara para asegurarse de que jamás pudieran volver a clases. Pero algo mágico había sucedido.

—¡A causa de este incidente, me armé de valor para luchar por la educación! Si es la voluntad de Dios, nadie va a impedirme realizar mis sueños —me dijo. De fondo, resonaba desde las mezquitas el llamado para el último rezo del día—. El Corán dice que la educación es obligatoria para los niños y las niñas. Talib quiere decir estudiante —recordó. La educación nos aleja de males y demonios y nos lleva en la dirección correcta.

Desde que tenía ocho años, Kainat pasaba las tardes estudiando el Corán con otras niñas en una madraza improvisada en la casa de una vecina. Se encaminaba hacia la tercera etapa de los estudios religiosos, que es la interpretación de los textos. En la primera etapa, se aprende a leer en árabe; en la segunda, se traducen las palabras al pastún, con la ayuda de una profesora. Todas las niñas de Swat estudian el Corán en casa o en una madraza. Es más o menos como los cristianos que estudian para la primera comunión; o los judíos que estudian para el bar/bat mitzvá.

—Lo que me gusta mucho de Malala es que ella siguió peleando e insistiendo en exigir educación, aun sabiendo que corría riesgos. Admiro su forma de ser. Eso nos da valor ahora —continuó Kainat, mientras me mostraba fotos de su amiga, que guarda en una vieja computadora.

Al final, Kainat me hizo un pedido:

—Diles a las niñas de todo el mundo que se transformen en Malalas y luchen por la educación hasta que todas puedan ir a la escuela.

Otro ejemplo de coraje para Kainat es su madre, una de las pocas mujeres que trabajan en el valle. Ella visita las casas enseñándoles a los niños a lavarse bien las manos y a cepillarse los dientes, entre otras tareas relativas a los cuidados de la higiene y la salud. En el pasado, Kainat la acompañaba y de allí nació su deseo de convertirse en médica, tal como aún lo sueña Shazia y como Malala soñó alguna vez. La medicina es una de las pocas profesiones que las mujeres pueden ejercer en Swat, las otras oportunidades aún se les ofrecen solamente a los hombres. Es por eso que casi todas las niñas del valle sueñan con ser médicas.

El día en que me encontré con Kainat, sus ojos grandes y negros observaban con atención, a través de sus lentes rectangulares de marco grueso, un libro de biología. Era el mismo que llevaba con ella el día del atentado. En la última página, se podía leer: *We want peace*. Queremos paz.

A lo lejos, el canto de un gallo atrasado me anunció que era hora de partir. Entonces, me marché.

Pero aún me quedaba un lugar por visitar y, en mi último día en el valle de Swat, fui a buscarlo.

Por aquella dirección, anotada en el papel, no pasaban los automóviles. Un portón y algunos escalones daban acceso a un sendero, que partía del margen del río hacia una calle estrecha y flanqueada por altos muros. Continuamos a pie, yo adelante, Ejaz detrás de mí y Sana detrás de él. De pronto, escuché otros pasos en nuestro camino. ¡Un extraño nos seguía! Doblamos en una esquina y él dobló detrás de nosotros, apretamos el paso y él aceleró el ritmo. Hasta que Ejaz se molestó y, cuando Ejaz se molesta, él, que es un hombre grande y posee una voz estridente, puede resultar tan atemorizante como un gigante enojado. "¿Qué es lo que quieres?", bramó, volviéndose abruptamente hacia el hombre, que desapareció asustado. ¡Uf! Más tarde, descubrimos que se trataba de un espía, enviado por el gobierno para vigilarnos.

¡Un espía de verdad!

Continuamos hasta que, al final de la calle, me topé con un hombre armado. Él vigilaba, atento, una casa de paredes altas y portón color gris y tenía órdenes de no dejar entrar a nadie.

Aún no sé cómo lo convencí. Yo no hablaba su idioma, y él tampoco el mío. Pero, cada vez que eso sucede, utilizo las palabras mágicas que siempre ayudan en estos casos: Ronaldo, Ronaldinho, Neymar, Pelé… porque a todo el mundo le gusta el fútbol de Brasil. "¡Ronaldo!", repitió él, y así, como en un pase de magia, nos hicimos compinches. Hablábamos el mismo idioma. Usando el arma para señalarme el camino, abrió el portón y me permitió entrar.

–¡Ve rápido! ¡Nadie puede saber que estás aquí! –dijo Sana, traduciendo las palabras del hombre, por detrás del muro, como en un juego de teléfono descompuesto.

En el jardín cubierto de primaveras floridas, reconocí el naranjo bajo el cual Malala solía sentarse para leer a la luz del día. ¡Aquella era su casa! Tenía una sola planta y una entrada por la parte trasera. En la cocina había ollas repartidas por todas partes, como si alguien hubiera dejado el almuerzo a medio hacer. En la sala oscura, los sofás estaban cubiertos por sábanas y una vieja computadora yacía apagada en un rincón. Del otro lado, divisé una puerta cerrada.

No lo pensé dos veces: giré la manija. La puerta no estaba bajo llave… ¡Era la habitación de Malala! Pero ella no estaba allí y encontré un ambiente vacío y frío. La manta floreada, su preferida, estaba doblada al pie de la vieja cama; la cortina roja, descolorida, estaba salpicada de estrellitas que ya no brillaban.

Malala todavía dormía un sueño profundo, ahora en un lugar bien lejos de allí: un hospital en otro país, donde se recuperaba del disparo. Nadie sabía si volvería a despertar algún día.

Yo estoy convencida de que ella soñaba con la escuela. Su habitación está llena de recuerdos. Un cuaderno con palabras garabateadas aquí. Lápices de colores, un pincel y una pluma estilográfica en otro rincón. Eché un vistazo a una gaveta entreabierta y allí encontré los exámenes de física y álgebra que había hecho Malala. En el armario había dos lindos shalwar kameez: uno azul y uno rosado, con bordados de cristales. En las paredes, húmedas y ya manchadas por el moho, el único adorno era un pequeño cuadro con unas flores. ¿Lo habría pintado Malala?

Era una habitación simple. Pero en la pequeña estantería estaba él, en tamaño gigante: el premio que ella ganó: un cheque de tres millones de rupias –¡más de cien mil reales!– por luchar por la educación de las niñas.

Antes de salir, volví a pasear la vista por la habitación y una linda foto me llamó la atención: Malala con su padre, el profesor Ziauddin, quien le enseñó a querer tanto la escuela.

Para ese entonces, sin embargo, el soldado ya gritaba desde afuera…

Realmente estaba oscureciendo y era mejor partir. El viaje de regreso a casa sería largo.

En la carretera repasaba las aventuras vividas y recordé la amenaza que había escuchado por la radio para que los periodistas no viajaran al valle de Swat. Ahora a salvo, encendí la radio del automóvil y escuché otra noticia. Esta vez, una muy buena: ¡Malala había despertado de su sueño!

Ella estaba en un hospital para el tratamiento de heridos de guerra, el Queen Elizabeth Hospital. Queda en Inglaterra, la tierra de la reina, aquella que un día visitó el valle de Swat. Malala había sido transferida a ese hospital mientras dormía. Al despertar, percibió que estaba sola en un lugar extraño. Le costaba respirar y ya no podía sonreír. La bala había herido el lado izquierdo de su delicado rostro. Por un instante, Malala se puso triste al verse en el espejo. ¡Pero pronto volvió a sentirse feliz, porque estaba viva!

Su familia viajó a Inglaterra y el reencuentro fue muy emotivo.

—La noche pasada, cuando la reencontramos, había lágrimas en nuestros ojos, pero eran de felicidad, ¡fe-li-ci-dad! —contó Ziauddin, poco después de que su hija despertara.

Mientras Malala dormía, su vida cambió. Y el mundo cambió un poquito también.

La noticia de su casi muerte se había propagado como un "fuego en el bosque", me dijo su tío, Ahmed Shah, y tenía razón.

Con el atentado, los hombres de las montañas pretendían callar a Malala, pero el hechizo se volvió contra los hechiceros. En lugar de eso, lograron que la voz de ella se hiciera aún más fuerte. Y Malala pasó a ser escuchada en todas partes e hizo nuevos amigos en el mundo entero. Todos encendieron velas y sostuvieron vigilias por su recuperación.

Rupia: Moneda de Pakistán, así como el real es la moneda del Brasil. [Tres millones de rupias pakistaníes equivalen a cerca de treinta mil dólares estadounidenses. N. del T.]

Malala estuvo cuatro meses internada y fue sometida a cuatro cirugías.

¿Adivinen qué fue lo primero que Malala pidió que le llevaran al hospital, cuando despertó? ¡Libros! Despacito, ella recomenzó a leer y a escribir. Ya respiraba mejor y, poco a poco, volvió a hablar y a escuchar. ¡Emocionó al mundo con un discurso en la ONU!

Su lucha por la educación de las niñas ganó atención global y miles de personas se unieron a ella. Malala recibió donaciones para ayudar a millones chicas y chicos que aún no acceden a la escuela. Pasó a formar parte de la lista de las cien personas más influyentes del mundo ¡y se convirtió en la ganadora más joven del premio Nobel de la Paz!

Cinco meses y diez días después del disparo, Malala estaba otra vez en un aula, en una escuela solo para niñas, llamada Edgbaston High School, en la ciudad inglesa de Birmingham, donde vive ahora su familia.

—Yo cumplí un sueño. Pienso que es el momento más feliz de mi vida porque estoy volviendo a la escuela. Hoy tengo mis libros, mi mochila, y voy a aprender… Quiero aprender sobre política, sobre derechos sociales y sobre la ley. Quiero aprender sobre cómo puedo cambiar al mundo —dijo, en su primer día de clases. El primer día del resto de su vida.

Y Malala volvió a sonreír. Porque seguía siendo tan solo una niña que quería ir a la escuela.

ONU: Organización de las Naciones Unidas fundada en 1945, apenas terminada la Segunda Guerra Mundial, con el compromiso de garantizar la paz internacional y hacer del mundo un lugar mejor para vivir, donde todas las personas tengan los mismos derechos.

Nobel de la Paz: Es un premio internacional muy importante otorgado a personas que ayudan a resolver problemas y contribuyen con la paz en el mundo.

Cuaderno de fotos

Las fotos fueron tomadas por la autora, Adriana Carranca, y forman parte de su archivo personal, a menos que se especifique lo contrario.

Vista de la carretera hacia el valle de Swat.

Plaza principal de Saidu Sharif, capital del valle de Swat.

Comerciantes venden comidas típicas
del valle de Swat, como el paratha
y la samosa (pequeñas empanadas
triangulares y fritas, de carne,
pollo o vegetales).

Mujeres usando el burka
para salir a la calle
en Mingora, la ciudad
de Malala.

Ceremonia del traspaso
de la corona del primer
valí de Swat, Miangul
Golshahzada Abdul-Wadud
a su hijo, Miangul
Abdul Haq Jahanzeb,
el 12 de diciembre
de 1949. Ellos
son el bisabuelo y
el abuelo del príncipe
de Swat, Adnan.

El viejo Mohib.

Sentada con los niños,
en la casa en la que me
hospedé, esperando escuchar
las historias contadas todas las
noches por Mohib (al fondo).

El chapati —o paratha—
sale calentito y sabroso del
horno a leña de la casa.

Entrevistando a los soldados responsables por la seguridad en el sitio del atentado contra Malala.

El portón de la casa de Malala, en Mingora, ahora vigilada por un policía...

Y su habitación.

Malala en
la escuela
(foto cedida
por el profesor
Fazal Khaliq).

Las alumnas de
la Escuela Khushal
se reúnen en el patio
todas las mañanas
antes de clase para
discutir los problemas
del valle de Swat.

Kainat en la cocina de
su casa, en Mingora.

Shazia me
ayuda a usar
el velo.

∾◦ AGRADECIMIENTOS ◦∾

Relatar detalladamente la historia de Malala Yousafzai desde su infancia hasta el atentado en su contra y el drama vivido por la familia los días siguientes solo fue posible gracias a los generosos testimonios brindados a la autora por los testigos oculares de los hechos: Kainat Riaz y Shazia Ramzan, las dos alumnas baleadas en el mismo atentado; Rida y otras compañeras de clase de Malala; el profesor Fazal Khaliq y la directora Maryam Khalique, cariñosamente llamada por las alumnas madame Maryam; Ahmed Shah, considerado como un tío por Malala y el amigo más íntimo de Ziauddin Yousafzai, quien estaba con él al momento de recibir la noticia del atentado y lo acompañó durante todo el tiempo hasta el viaje de la familia a Gran Bretaña; el médico Mohammad Ayub, el primero que socorrió a Malala cuando llegó herida al Hospital Central de Saidu Sharif; Samar Minallah, amiga íntima de la familia Yousafzai, de la etnia pastún y documentalista con trabajos sobre la condición de las niñas en el valle de Swat; la activista por los derechos humanos y profesora de estudios de género Farzana Bari, de la Universidad Quaid-e-Azam, de Islamabad, autora de una investigación sobre el impacto de la "talibanización" del valle de Swat en las mujeres; el ingeniero y exparlamentario Miangul Adnan Aurangzeb, príncipe de Swat, heredero del primer valí de Swat y el siguiente en la línea sucesoria del cargo; Usman Ul-Asyar, otro amigo íntimo de Ziauddin, historiador y presidente de la Asociación Svastu, que busca preservar el arte y la cultura pastún. Estoy profundamente agradecida a todos ellos.

Un agradecimiento especial a Matinas Suzuki, director ejecutivo de la Companhia das Letras, quien me propuso escribir un libro sobre Malala. Por su generosidad y confianza.

A Júlia Moritz Schwarcz, editora del sello Companhia das Letrinhas, por creer en este proyecto desde el inicio y recibirlo con tanto cariño y cuidado; y a todo el equipo que participó en la producción de este libro, especialmente Mell Brites, Helen Nakao y Camila Mary.

A la ilustradora Bruna Assis Brasil, por el talento y la sensibilidad con que dio vida a las palabras.

Al embajador Alfredo Leoni y a su equipo en la Embajada del Brasil en Pakistán y Afganistán, por el apoyo. Un agradecimiento especial al amigo y diplomático Thomaz Napoleão, primer secretario de la embajada entre 2011 y 2014, por compartir conmigo su amplio conocimiento sobre Pakistán y el pueblo pastún y por toda la ayuda personal brindada durante el período en el cual estuve en el país.

A Sana ul-Haq y su familia, por demostrar día tras día el valor de la hospitalidad pastún y por la generosidad de recibirme en su casa, aun conociendo los riesgos de albergar a una periodista en una región donde no somos bienvenidos. Un año después de mi visita, Sana fue secuestrado, interrogado y torturado durante once horas por hombres desconocidos, por ayudar a dos reporteros del periódico *The New York Times* a conseguir información relativa al atentado contra Malala, según le dijeron sus secuestradores.

Al amigo Matthew Green, por ese entonces corresponsal de la agencia Reuters en Islamabad, y al reportero Declan Walsh, del New York Times, por los valiosos contactos. Walsh fue expulsado de Pakistán por el gobierno seis meses después de mi visita, en mayo de 2013, durante la cobertura de la campaña para las elecciones generales en el país.

Un agradecimiento especial a la brasileña Cristina von Sperling y a la periodista canadiense Kathy Gannon, de la agencia *Associated Press*, ambas viven en Pakistán hace más de veinte años, por su generosidad y por ayudarme a llegar al valle de Swat. En abril de 2014, Kathy sufrió un atentado a balazos, durante la cobertura de las elecciones presidenciales en Afganistán. La fotógrafa que la acompañaba, Anja Niedringhaus, murió en el ataque. Su valor y perseverancia sirven de inspiración.

Al profesor Claudio Fragata, autor de libros infantiles y ganador del Premio Jabuti en 2014 con Alfabeto Escalafobético, y a la periodista Bia Reis, editora asistente del periódico *O Estado de São Paulo* y autora del blog *Estante de Letrinhas*. Por su lectura cuidadosa y sus valiosas sugerencias.

Al director de redacción del periódico *O Estado de São Paulo*, Ricardo Gandour, al director ejecutivo, Roberto Gazzi, y a la editora en jefe, Cida Damasco, por las oportunidades y por el cariño. Al editor de Internacional, Roberto Lameirinhas, y a su equipo, por el aprendizaje y el aliento.

Al teniente coronel Muhammad Mumtaz Khan, de las Fuerzas Armadas de Pakistán, por facilitarme las imágenes de las dos operaciones militares lanzadas contra los talibanes en el valle de Swat, en 2007 y 2009; y al mayor general Asim Saleem Bajwa por la autorización para entrar al valle de Swat, cercado por el Ejército, menos de un mes después del atentado contra Malala.

Para mi esposo, Jacyr V. de Quadros Jr., por esperarme, siempre, y nunca dejarme desistir.

Para mi familia. En especial, a mi madre, Teresinha Maria Carranca, por ayudarme a amar la escuela y a cumplir con placer las tareas para el hogar. La participación de los padres en el proceso de educación es fundamental.

～◎ NOTAS DE LA AUTORA ◎◎～

Casi un año después del atentado, Kainat Riaz y Shazia Ramzan también se mudaron a Inglaterra, donde volvieron a estudiar.

Antes de la creación de la Línea Durand, la frontera de 2.640 kilómetros entre Afganistán y Pakistán que separó a los pastunes en 1893, ellos eran llamados, de forma generalizada, "afganos". También se los llama "pathanes".

Los "afganos" entraron en guerra con los británicos tres veces: 1839-42, 1878-80 y 1919. Incapaz de controlar a los pueblos de la frontera, la Corona Británica estableció en la región principados semiindependientes, como Swat, en 1926, que permaneció autónomo después de la independencia de la India y la creación de Pakistán. El principado fue disuelto en 1969 y Swat fue incorporado a la provincia de Jaiber Pajtunjuá.

La obra más completa sobre la historia de los pastunes es el libro de Olaf Caroe, *The Pathans 550 B.C – A.D. 1957*, Oxford University Press, 1958, que sirvió de referencia para este libro.

Las citas sobre el paso de Alejandro Magno por tierras pastunes constan en el libro de Frank Holt, *Into the Land of Bones: Alexander the Great in Afghanistan*, University of California Press, Los Angeles, California, 2005.

La descripción de Heródoto sobre Paktuike está en *Las Historias*, libro 3, según es citado en el libro de John Murray, *Travels into Bokhara*, Londres, 1834, pp. 162-3.

Las dos escenas descriptas en los penúltimos párrafos de las páginas 44 y 56 fueron capturadas en el documental de Adam B. Ellick,

Class Dismissed, publicado el 22 de febrero de 2009 en el sitio web del periódico *The New York Times*, junto con detalles de la vida de Malala durante el tiempo en que debieron refugiarse y el regreso de la familia Yousafzai a casa. Para ver el film completo, en inglés, ingresa a: www.nytimes.com/video.

La frase de Malala, reproducida al final de la página 45, fue pronunciada en una entrevista con el periodista Syed Irfan Ashraf, del periódico paquistaní *Dawn*, en diciembre de 2011. Lee el texto completo, en inglés, en: http://www.dawn.com/news/678566/heroes-of-swat.

La frase de Malala, reproducida en la página 55, fue pronunciada en una entrevista con la cadena de televisión estadounidense CNN también en 2011. Para ver la entrevista completa, en inglés, ingresa a: http://edition.cnn.com/videos/world/2012/10/10/sayah-2011-interview-malala-yousufzai.cnn

Para leer en su totalidad el blog escrito por Malala bajo el seudónimo Gul Makai, ingresa a:

Parte 1: news.bbc.co.uk/2/hi/south_asia/7834402.stm
Parte 2: news.bbc.co.uk/2/hi/south_asia/7848138.stm
Parte 3: news.bbc.co.uk/2/hi/south_asia/7861053.stm
Parte 4: news.bbc.co.uk/2/hi/south_asia/7881255.stm
Parte 5: news.bbc.co.uk/2/hi/south_asia/7889120.stm

El número de cuatrocientas escuelas destruidas tras los conflictos en el valle de Swat consta en el informe Education Under Attack, de la Organización de las Naciones Unidas para la Educación, la Ciencia y la Cultura (UNESCO), publicado en 2010. Disponible en: http://unesdoc.unesco.org/images/0018/001868/186809e.pdf

La información de que más de dos millones de habitantes abandonaron el valle de Swat y sus alrededores durante los conflictos consta en informes de la Agencia de la ONU para Refugiados, divulgados en 2010. Ingresa a: http://www.unhcr.org/4bdaeb646.html.

SOBRE LA AUTORA

Cuando era una niña, no teníamos dinero para viajar. Nos sentábamos, mi abuelo y yo, en la pequeña escalera que daba acceso al chalet de madera donde él vivía con mi abuela, mi tío y mi tía abuela, otra tía y dos primos... ¡parecía una casa pastún! Allí pasaba las tardes después de la escuela, mientras mis padres trabajaban. Mi abuelo se sentaba en el primer escalón, yo en el tercero. "¿Hacia dónde desea viajar, madame?", preguntaba él. Yo respondía un destino cualquiera y hacia allá partíamos, montados en nuestro autobús imaginario. A mi abuelo le encantaba andar en autobús y cada vez que tenía un tiempo libre tomaba el circular y se quedaba dando vueltas por la ciudad. Así conoció, desde la playa hasta el puerto, cada rincón de Santos, la ciudad donde nací. Esa era su forma de viajar. Mi padre tenía otra: los libros. Los fines de semana, recorríamos el mundo juntos por las páginas de una enciclopedia que él había coleccionado en fascículos y mandado encuadernar con una linda cubierta roja. Cuando crecí, quise conocer los lugares que había visitado durante mi infancia con mi padre y mi abuelo; y, como ellos, quise contar historias reales sobre el mundo. Por eso decidí ser periodista.

Hoy soy reportera especial del periódico *O Estado de São Paulo* y escribo para publicaciones internacionales. Mis reportajes ya fueron publicados en revistas, como la estadounidense *Foreign Policy* y la edición francesa de *Slate*. Cubrí la guerra en Afganistán y Pakistán, donde me encontraba cuando el líder de Al-Qaeda, Osama bin Laden, fue abatido en una operación de los Estados Unidos. Me sumergí en el universo de países musulmanes como Irán, Egipto e Indonesia y en los territorios palestinos para reportajes especiales. Vi de cerca los conflictos en la República Democrática del Congo, Sudán del Sur y Uganda.

Escribo principalmente sobre conflictos, tolerancia religiosa y derechos humanos, con una mirada especial sobre la condición de las mujeres, porque considero esos temas importantes. Aprendí mucho sobre ellos en la maestría en Políticas Sociales y Desarrollo que hice en la London School of Economics (LSE), después de estudiar periodismo. Luego, fui corresponsal en la ONU, en Nueva York, e investigadora invitada del Instituto Reuters para el Estudio del Periodismo, en la Universidad de Oxford; e integré el Proyecto de Reportaje Internacional, de la Universidad Johns Hopkins, de Washington. Escribí dos libros-reportaje para adultos: *Irán bajo el chador* (editorial Globo), finalista del premio Jabuti, y *Afganistán después del Talibán* (editorial Civilização Brasileira). Por mis trabajos, recibí premios como una mención honorífica en el Premio Esso y dos ediciones del Premio Líbero Badaró.

Para mí, lo más importante es el conocimiento. Gracias a mi profesión, exploré los valles del Tigris y del Éufrates, del Nilo, del Jordán y el Swat; la meseta iraní, cuna del antiguo Imperio persa; los dominios de los antiguos imperios romano y británico; las tierras atravesadas en el pasado por conquistadores como Gengis Kan y Alejandro Magno, entre muchos y muchos otros lugares que antes solo conocía por los libros de historia. Pero siempre que tengo alguna duda, vuelvo a la vieja enciclopedia roja.

SOBRE LA ILUSTRADORA

Nací en Curitiba en 1986. Me gradué en periodismo y diseño gráfico, hice un posgrado en ilustración creativa y técnicas de comunicación visual en la escuela EINA, en Barcelona. En 2012, recibí el premio "30 Mejores Libros Infantiles del Año", de la revista *Crescer*. Al año siguiente, fui nominada al premio "Jabuti", en la categoría Ilustración. Hoy tengo más de treinta libros publicados.

¡TU OPINIÓN
ES IMPORTANTE!

Escríbenos un e-mail a
miopinion@vreditoras.com
con el título de este libro en el "Asunto".

CONÓCENOS MEJOR EN:
www.vreditoras.com
facebook.com/vreditoras